粤台客家文化研究丛书

丛书主编　宋德剑

粤台客家
文化产业研究

YUETAI KEJIA WENHUA CHANYE YANJIU

宋德剑　主编

暨南大学出版社
JINAN UNIVERSITY PRESS

中国·广州

图书在版编目（CIP）数据

粤台客家文化产业研究/宋德剑主编 . —广州：暨南大学出版社，2020. 3
（粤台客家文化研究丛书）
ISBN 978 - 7 - 5668 - 2708 - 1

Ⅰ.①粤…　Ⅱ.①宋…　Ⅲ.①客家人—文化产业—广东—文集　②客家
人—文化产业—台湾—文集　Ⅳ.①G127. 65 - 53 ②G127. 58 - 53

中国版本图书馆 CIP 数据核字（2019）第 180323 号

粤台客家文化产业研究
YUETAI KEJIA WENHUA CHANYE YANJIU
主　编：宋德剑

出 版 人：张晋升
责任编辑：潘雅琴　朱良红
责任校对：张学颖　刘宇韬
责任印制：汤慧君　周一丹

出版发行：暨南大学出版社（510630）
电　　话：总编室（8620）85221601
　　　　　营销部（8620）85225284　85228291　85228292（邮购）
传　　真：（8620）85221583（办公室）　85223774（营销部）
网　　址：http://www.jnupress.com
排　　版：广州市天河星辰文化发展部照排中心
印　　刷：佛山市浩文彩色印刷有限公司
开　　本：787mm×960mm　1/16
印　　张：10. 5
字　　数：185 千
版　　次：2020 年 3 月第 1 版
印　　次：2020 年 3 月第 1 次
定　　价：48. 00 元

总　序

　　嘉应学院是一所百年老校，前身是创办于1913年的梅县女子师范学校。经过几代人的努力，特别是20世纪90年代以来，学校在人才培养、科学研究方面取得了长足的进步，形成了"植根侨乡，服务山区，弘扬客家文化"的办学特色。

　　地处客家腹地的区位优势，加之学校一以贯之的重视客家文化的办学理念，使学校的客家文化研究在学界具有一定的影响，经过20多年的积累，客家研究院在民俗、方言、文学、艺术、社会经济等方面积聚了一批研究实力较为雄厚的学术团队，并产生了一些较具影响力的研究成果。

　　随着研究的深入，我们也在不断地进行总结与反思，相邻的赣南、闽西也为客家腹心区域，两地的高校赣南师范学院、龙岩学院也成立了客家研究院，也一直在开展客家文化研究，并取得了丰硕的成果。如何与赣南和闽西的客家文化研究形成错位发展，凸显自身的客家文化研究特色和长处，共同把客家文化研究这个事业做大做强，这个问题一直是我们在研究过程中努力思考的问题。

　　经过仔细分析，认真思考比对，我们发现一个现象：粤台两地一衣带水，同文同种，特别是客家人作为台湾社会的第三大族群，其文化一向为台湾族群文化中最具特色与活力之文化；同时，台湾的客家人又多以梅州为原乡，且历来两地客家文化互动频繁，联系密不可分。将客家文化置于粤台两个地域空间进行研究，不仅具有地域文化研究的意义，更具人类学、社会学、历史学等多学科研究的学术意义。

　　2011年恰逢教育部在全国高校推出"2011创新强校计划"，次年学校便在客家研究院的基础上成立了"粤台客家文化传承与发展协同创新中心",并于 2014 年成功申报为广东省首批协同创新中心。本中心力图通过机制体制的创新,为粤台两地高校、科研机构搭建一个开放创新的学术平台,在粤台客家文化研究、粤台客家文化传承等诸领域不断凝聚方向,将学校的客家文化研究提升到一个新的、更高的水平。

最早关注粤台两地客家人问题研究的是客家研究的奠基人罗香林先生,其 1933 年出版的《客家研究导论》中对客家人迁台有这样的记载:"同时而台湾一岛,亦因初为清廷克服,旧日郑氏部众,多半逃亡南洋诸岛,因致全台空虚,人烟寥落;嘉应各属客家,得此良好机会,又复盛向台湾经营……当时留台客家,虽数目并不很多,然因台生活较易,客人受经济引诱,其后,愈来愈众,愈殖愈繁。"后于 1950 年出版的《客家源流考》,又对其进行了更为细致的考证:"康熙时迁移台湾的客家,虽数目不很多,然因台湾生活较易,客家人受经济引诱,接着便愈来愈众,几乎占了台湾全人口的三分之一。"进入二十世纪七八十年代后,台湾和大陆的客家学术研究者分别站在各自角度研究两岸客家问题,台湾地区有代表性的成果包括连文希的《客家入垦台湾地区考略》、陈运栋的《谈客家先人的渡台》、庄英章的《唐山到台湾:一个客家宗族移民的研究》等;大陆地区有代表性的成果包括陈春声的《三山国王信仰与台湾移民社会》、陈支平的《客家源流新探》、刘正刚的《东渡西进:清代闽粤移民台湾与四川的比较》等。检视以上成果我们可以发现,以往的研究大都只是停留在正史文献,缺乏系统的实地田野考察,论述往往流于宏大的历史叙事,而更重要的是,尚缺乏对两岸客家人血脉联系及文化渊源的系统性论述以及在微观研究基础上的宏观把握。

基于以上认识,粤台客家文化传承与发展协同创新中心从成立伊始,通过开展一系列课题研究以及举办相关的学术会议等形式,凝聚了粤台两地高校、科研机构一批长期致力于研究客家文化的专家学者,共同开展粤台客家文化的深度研究。

总体而言,这些研究呈现出以下三个研究面向:

一是研究者学科背景的多元化。以往的研究以历史研究为主流,研究者以历史学的学科为主,且多以清代以来客家人渡海迁移为历史场景,来勾勒客家人从大陆向台湾迁移的历史进程,进而探讨粤台两地客家文化的源流及发展变迁。中心牵头倡导的研究则更加凸显出学科交叉的立体研究态势,力求从历史学、人类学、社会学、语言学、政治学等多元的学科视野开展粤台客家文化研究,使客家研究成为人文社科研究的综合"试验场"，打造客家研究的国际学术平台效应。

二是研究视野的现代转向。传统的客家研究多以宗族、民俗为主要研究取向，这主要源于客家是一个以宗族为聚居单位的族群，且因生活环境和悠久历史等社会因素至今保存有丰富的传统文化，其要旨在于通过对一个"古老"族群的文化内核进行分析解剖，来认识中华传统文化的特质所在。中心倡导的研究则在延续传统研究面向的基础上，注重客家传统宗族、信仰、民俗等在现代社会中的传承与变迁，特别是作为传统文化部分于现代民众社会生活之意义所在，关注现在流行的"文化产业""古村落的保护""美丽乡村建设"等议题，从而彰显人文社会科学的现代社会功能与价值。

三是注重粤台客家文化"关键文化因子"的历史人类学研究。客家文化内涵丰富，其中"宗族""神明""女性""传统建筑"等文化要素向来为研究者所青睐，然而这些研究主体一直被研究者剥离出其依附的时空场域，进行"真空化"式的抽象研究。研究者在其研究叙事中很难给人还原研究个体的真实历史图景。本中心倡导的研究则一直秉承20世纪90年代兴起的"眼光向下"历史研究的价值转向，即现在史学界流行的华南学派的历史人类学的研究方法，注重田野与文献相结合，将客家文化的不同事项还原到客家人生活的鲜活场景中去，参与观察客家民众日常的生活，并对其行为、观念、信仰、风俗等诸文化事项予以分析、诠释与解读，从而探讨粤台两地客家文化形成、发展、变迁的轨迹。

正是基于以上思考，中心推出这套"粤台客家文化研究丛书"，丛书包括学术研究专著、田野调查报告、研究论文集等，内容涉及粤台客家宗族、神明、女性、风水、节日、礼俗、文化产业等诸面向。可以说这套丛书的出版既是对以往粤台客家文化研究成果的一个小结，亦是粤台客家文化研究的一个新的起点。

以上寥寥数言，权当对丛书编辑出版初衷的一点交代，是为序！

宋德剑
嘉应学院粤台客家文化
传承与发展协同创新中心执行主任
2018年2月

前　言

众所周知，广东是全国客家人口分布最多的省份，学术界估计广东客家人口超过 2 000 万。广东是台湾客家人的主要原乡，客家人在台湾属第二大族群，人数约 500 万，粤台两地客家人同根同源、同文同种。客家文化是宋明以来中原汉文化与南方土著文化经过长期融合而形成的族群文化，内涵丰富，博大精深，被誉为中华传统文化的"活化石"。

客家文化是中华传统文化的重要组成部分，其之所以能几千年绵延不断，传承至今，散播四海，成为影响全球的族群文化之代表，就在于其蕴含着非凡的教育价值、审美价值等优秀文化基因。

客家传统文化不仅是中华传统文化的重要载体，也是新时代实现中华传统文化复兴的基石。在当今社会急剧变迁的时代，结合当前新时代的要求，对客家传统文化赋予现代意义，推动文化创新发展，对客家传统文化做出当代表述，可以为中华传统文化传承与发展开辟更大的空间。在这方面，实现文化从资源到资本的转化，推动客家文化产业发展，应是题中之义。因为无论是形而上的客家文化如民俗、艺术，还是形而下的客家文化如传统工艺、建筑、美食，都是实现产业开发的文化资本。特别是当前随着广东省经济发展进入新常态和产业转型升级的加快推进，大力发展文化产业成为经济社会发展的重中之重。客家文化是广东和台湾共有的地域文化，其文化产业是广东和台湾目前正致力于发展的战略性新兴产业，因此开展粤台客家文化产业研究具有重要的理论和现实意义。

首先，从学术研究理论来说，客家研究虽然在海峡两岸早已成为显学，然而关于客家文化产业方面的研究却是凤毛麟角，关于粤台两地客家文化产业的研究更是付之阙如。因而，本研究必将能拓展客家研究领域，丰富客家研究内涵。

其次，从现实意义来说，随着两岸互动日益频密，人文和经贸交流日渐深入，迫切需要学术界对两岸的经济产业开展对比与合作研究。本研究立足于粤台两地客家文化产业，对促进和提升粤台两地经贸交流水平，造福两地民众，都有着一定的现实意义。

最后，本项目将有效解决广东客家传统文化在市场经济开发时可能面临的文化流失危机。随着现代化和城镇化进程的加快，客家传统文化面临着前所未有的冲击，而文化产业化在一定程度上则为传统文化重现生机提供了另一种可能，台湾在客家文化产业化方面的成功为我们提供了例证。

文化产业是 21 世纪的朝阳产业。当前，海峡两岸都致力于发展文化产业。客家文化作为粤台两地共有的珍贵文化资源，客家文化产业也引起了两地共同的高度关注。台湾的客家文化产业起步早、基础好，已取得令人瞩目的成就，但也存在资源有限、市场狭窄和投入不足等后续发展问题。广东自提出加快建设文化大省的战略决策以来，全省文化产业迅速发展。随着梅州、河源，乃至深圳、惠州等客家地区对客家文化的日益重视，全省的客家文化产业也迎来了发展的春天，但由于缺乏经验、基础较弱、观念滞后、人才匮乏等原因，遇到了不少发展的瓶颈，急需借鉴先进地区的成功经验。

客家族群是广东三大民系之一，梅州又是台湾地区客家人的主要原乡，拥有丰富的客家物质文化与非物质文化遗产。客家传统文化的产业化是实施"教育强省""文化强省"战略的重要内容。当前，文化产业化已经成为经济绿色崛起的重要途径。客家文化需要走产业化路线，才能真正得到继承、保护和开发。

从广东客家地区社会发展的要求来看，以梅州为中心的客家地区有着非常丰富且独特的文化生态资源。文化产业作为高技术含量、高附加值、低能耗、低污染产业的典型代表，非常符合转型发展的实际需要。

粤台开展客家文化产业化合作研究有着诸多有利条件，主要包括：①客家文化是广东和台湾共有的地域文化，相同的文化背景为粤台两地开展客家文化研究与合作创造了先天条件。②以嘉应学院客家研究院为代表的广东客家研究机构已积累了不少台湾客家文化的研究资料，且粤台两地的客家研究机构联系紧密，并在嘉应学院成立了"粤台客家文化传承与发展协同创新中心"，这为进一步提升粤台两地客家文化研究合作水平提供了保障。③粤台两地目前均大力实施产业转型升级，致力于发展客家文化创意产业，无论是政府，还是企业和社会，都对开展粤台客家文化研究与合作存在强烈的需求。④粤台之间通过"客家文化搭台，经贸合作唱戏"，在广东每年定期举办的世界客商大会、客家文化艺术节等吸引了大量台湾客家人和企业的参与。⑤在广东梅州已成立"海峡两岸交流基地"，这为深化粤台客家文化交流，扩大粤台之间文经合作提供了重要平台。⑥粤台之间地缘相近，交通便捷，目前已开通广州、深圳、梅州直通台湾的航班，广州、深圳已开放台湾自由行，这为在粤台之间开展调研提供了便利。

　　基于以上认识，本人于 2015 年申报了嘉应学院"创新强校工程"新增项目"粤台客家文化产业化合作研究"，建设目标是产出一批粤台客家文化产业化研究的标志性成果，为粤台客家文化产业化合作提供理论支持；培养一批客家文化产业化研究的创新型人才；充分发挥嘉应学院作为科研创新和人才资源结合点的独特作用，为广东省的文化创新发展做出更大的贡献。课题组组织了粤台两地的客家研究专家开展调查研究，经过三年多的研究，产生了一批研究成果，现在呈现在大家面前的这本小册子，就是课题研究的成果总结。

宋德剑

2019 年 9 月

目　录
Contents

广东客家文化产业发展现状、模式及未来之展望

——以梅州为重点的分析

宋德剑①

美国著名学者约翰·奈斯比特和帕特里夏·阿伯迪妮在《2000 年大趋势》中断言，文化的经济意义将远远超过人们的预料，"投资文化将对一个地方的整体经济产生影响，它有着乘数效益，文化将使旅游业大受裨益，从而推动工业的发展，提高不动产的价值"②。由于文化产业需要的自然资源不多，主要依赖智慧的创造，因而在信息时代文化产业成为经济增长的主要动力，日益成为国民经济的支柱性产业。

20 世纪 80 年代以来，由于研究视野的拓展与客家地方社会经济发展的需求，客家文化产业研究与实践成为客家学界与客家地区关注的热点，时至今日，这方面的成果可谓层出不穷，蔚为大观。

广东自提出加快建设文化大省的战略决策以来，全省文化产业迅速发展。随着梅州、河源，乃至深圳、惠州等客家地区对客家文化的日益重视，全省的客家文化产业也迎来了发展的春天，但由于缺乏经验、基础较弱、观念滞后、人才匮乏等原因，遇到了不少发展的瓶颈，急需借鉴先进地区的成功经验。因此，分析广东目前客家文化产业发展现状，通过理论创新，寻求客家文化产业的转型升级，对于推动客家文化产业的发展，更

---

① 宋德剑，江西丰城人，历史学研究员。嘉应学院客家研究院副院长、粤台客家文化传承与发展协同创新中心主任，兼任梅州市社会科学界联合会兼职副主席、中国人类学民族学研究会客家学专业委员会副主任委员、《嘉应学院学报》编辑委员会委员、广东省台湾研究中心研究员、广东省海峡两岸交流促进会理事。主要从事区域历史文化、客家民俗、民间信仰等研究。

② 熊澄宇：《世界文化产业研究》，北京：清华大学出版社，2012 年，第 8 页。

好地实现客家传统文化的传承与发展，具有重要的理论和现实意义。

本研究通过对广东客家地区文化产业的现状进行调研分析，从中归纳出其不同的运作模式，并尝试在现有的产业运作模式的分析基础上，对未来的文化产业的合理走向提出自己的思考。

一、客家文化产业概念

文化产业是指从事文化产品生产和提供文化服务的经营性行业。联合国教科文组织在其 2000 年出版的《文化、贸易和全球化：问题与答案》一书中，把"文化产业"界定为：创造、生产、销售内容的产业。这些内容一般受到知识产权的保护，并以产品或服务的形态出现，也就是生产、储存以及分配文化产品和服务的一系列文化活动。

文化产业在美国被称为"版权产业"，主要是从文化产品具有知识产权的角度进行界定。美国被称为"世界文化产业帝国"，其文化产业大概占国内 GDP 的 10%，文化产业出口总额占全球的 50% 以上。英国是全球最早提出"创意产业"，并以此为理论进行文化产业发展战略规划的国家，英国文化产业的特点是特别重视创意。日本政府认为，凡是与文化相关联的产业都属于文化产业，除传统的演出、展览、新闻出版外，还包括休闲娱乐、广播影视、体育、旅游等，他们称之为内容产业。而我国台湾的文化产业又称文化创意产业，概念源自英国，将其定义为"源自于创意或文化累积，透过智慧财产的形式与运用，具有创造财富与就业机会潜力，并促进整体生活提升之行业"[1]，在岛内习惯上简称为"文创产业"。

在我国，文化作为一种非经济的意识形态，长期以来是一种"事业"而非"产业"。直至党的十六大报告才将文化产业与文化事业加以区分。2003 年 9 月，中国文化部制定下发的《关于支持和促进文化产业发展的若干意见》，将文化产业界定为：从事文化产品生产和提供文化服务的经营性行业。文化产业日益成为中国社会主义市场经济逐步完善和现代生产方式的不断进步而发展起来的新兴产业。2004 年，国家统计局对"文化及相关产业"的界定是：为社会公众提供文化娱乐产品和服务的活动，以及与这些活动有关联的活动的集合。所以，中国大陆对文化产业的界定是文化娱乐的集合，区别于国家具有意识形态性的文化事业。据统计，2012 年中国大陆的文化产业增加值达到了 1.6 万亿元。

党的十八大提出要把文化产业培育成国民经济支柱性产业，十八届三

---

① 俞龙通：《文化创意 客家魅力：客家文化创意产业观点、策略与案例》，台北：师大书苑有限公司，2008 年，第 20 页。

中全会召开后，中央财政下拨的 2013 年文化产业发展专项资金达 48 亿元，比 2012 年增加了 41.18%。随着中央政府对文化产业的日益重视，同时伴随着经济发展水平达到一定高度，人们在满足基本的物质文化生活以后，对精神文化产品的需求将会不断提高，而文化产业的发展恰好迎合了这一市场需要。文化产业所形成的"软实力"及其发展前景越来越为全球各个国家和地区所重视。

客家文化产业，简言之就是以客家地区丰富的传统文化资源为开发利用对象，从事文化生产、销售和文化服务的一系列活动。其目的是通过赋予传统的客家文化以"新意"，推动客家文化走产业化发展的道路，即通过产业化手段以及合理的商业运作和包装，使客家传统文化产生巨大的经济价值，实现客家文化与产业经济的良性互动，最终实现经济效益和社会效益的双赢。

二、广东客家文化资源的丰富内涵

客家文化是中原汉文化与南方山区的本土文化在长期的历史互动中形成的一种极具特色的地域文化。其以儒家文化为内核，又兼具南方各族文化特色，为中华传统文化多元一体的结晶。"她以其复杂的形成、丰富的内容、多样的形式、深刻的内涵、独有的特质著称于世。"[1]

客家人由于世居偏僻的山区，交通十分落后，与外界的接触很少，加之客家人生活的华南地区很长一段时期一直是传统中国社会的"边陲社会"，为"中央政权的化外之地"[2]。这种生存条件使得客家地区积淀了丰富醇厚的民俗文化。举凡建筑、服饰、饮食、技艺、方言、信仰、宗族、思想、文艺等诸方面无所不包。置身于客家地区，围龙屋、土楼的建筑神奇，民俗文化的古朴庄严，客家山歌的悦耳动听等无不折射出客家地区文化的悠久历史与深厚内涵。

广东客家地区分布广阔，客家人口数量众多，客家文化资源极为丰富。作为中国传统文化的活化石，客家文化产业无疑成为广东发展文化产业最重要的资源。

根据客家学奠基人罗香林先生的研究，广东是海内外客家人分布最多的地区，有梅县、兴宁、大埔、五华、蕉岭、平远、连平、和平、龙川、紫金、陆河等纯客县 17 个，还有南雄、曲江、宝安、惠阳、东莞、佛冈、

---

① 房学嘉、宋德剑、周建新等编著：《客家文化导论》，广州：花城出版社，2002 年，第 3 页。
② 以往客家论者都倾向于从人口迁移、自然环境方面去论述客家文化的生成，笔者认为是"边陲社会"效应。

揭西等非纯客县 50 个，目前总人口约 2 100 万人。可以说，从粤东到粤西、从潮汕平原到珠江三角洲，全省各地都有客家人的分布，尤为集中于以梅州为中心的粤东北地区。

从文化产业开发的角度，广东客家文化资源大致可以分为以下几类。

1. 传统的民居建筑

客家民居，与北京的四合院、陕西的窑洞、云南的一颗印和广西的杆栏式并称为中国五大传统民居。客家民居结构别致，造型奇特，其观赏性、文化性和科学性在我国乃至全世界都具有重要地位，它集建筑结构的严谨性、建筑功能的实用性、建筑艺术的审美性和宗族观念与民间信仰的特殊性于一体，是客家文化最重要的物质载体，也是客家地区最重要的文化产业资源之一。

广东常见的客家传统民居有围龙屋、土楼、五凤楼、走马楼、一字屋、四角楼、中西合璧式大屋、上下堂方形屋等，其中以围龙屋最为典型。围龙屋是一种富有中原特色的典型客家民居建筑，分布于梅州、河源地区，尤以梅县、兴宁两地分布最为集中，据初步统计，目前保存较为完整的围龙屋有 4 万多座，一般都有二三百年乃至五六百年历史。围龙屋的客家文化内涵十分丰富，充分体现了客家人世代相传、和睦相处的生活方式和强大的家族凝聚力，又显示着客家人非凡的智慧与无比的创造能力。从围龙屋的建筑风格到围龙屋内的民风民俗，处处展示了客家的人文历史，是客家文化的重要象征，被众多国内外专家誉为东方璀璨的明珠、世界上的民居建筑奇葩、一部读不完的百科全书，目前围龙屋已启动世界文化遗产申报工程。

2. 特色饮食和服饰文化

在饮食方面，客家人既保留了中原饮食特色，又根据当地自然条件，在长期的历史演变过程中，形成了独具特色的客家菜系和风味小食。客家菜，在惠州、河源等客家地区又被称为东江菜，酿豆腐、盐焗鸡、梅菜扣肉、开锅肉丸、娘酒等是久负盛名、盛传不衰的传统食品。传统客家菜的特色主要在取料、刀功、烹制及风味四个方面，取料以家禽家畜和山珍为主；刀功粗犷而质朴，形粗块大；烹制重焖煮，少炸烤；风味重鲜香、脆嫩和原汁原味，既体现了粤菜制作的讲究，又有北方人崇尚的经济和实惠。

客家人称衣服为"衫裤"。"衫"指上衣，裤指下衣。"上穿大襟衫，下着大裆裤"是传统时期客家人最常见的衣着打扮。除了大襟衫之外，客家人也穿对襟衫。与上衣相关联的，就是围裙。客家人的围裙裙身上及胸口，下至膝盖，常用一块花色耐脏的单布做成，多为客家女子劳作时穿着。头饰也是衣服的一部分。客家人最有特色的头饰，要数客家妇女夏天戴的"凉帽"（凉笠）和秋冬时期戴的"冬头帕"。客家服饰是客家文化的表象特征，也是折射其历史的一面镜子。客家服饰的款式结构、首饰佩件、装饰图案，都有一定的意义和来源，形象而含蓄地承载着本族群的历史。客家服饰讲究朴素实用，宽敞简便。在色调方面遍喜穿素色，尤以蓝、黑、灰色（一说白色）最为流行，质地多为粗布，这也正是客家人吃苦耐劳、勤俭节约的体现之一。

3. 多彩的传统节日和民间习俗

客家人的民俗节日丰富多样，色彩斑斓，客家民俗节日主要有三类：一是民间传统节日，如春节、元宵节、端午节、中秋节等；二是岁时农事节日，如立春、清明、立秋、冬至等；三是神灵生日，如天妃生日、惭愧祖师生日、三山国王诞辰等。这些民俗节日，极具地方特色，具有丰富的人文内涵。

此外，在广东客家地区传统的庙会、醮会等民俗节日，客家人多以"扛公王""扮古事""游大龙"等大型民俗活动形式举办。这些迎神赛会活动，在当地是仅次于春节的盛典，每逢盛会，人山人海、热闹非凡，场面之盛大，令人震撼。

4. 独特的客家方言和丰富的民间曲艺

客家方言也就是客家话，客家民系的形成和稳定，有许多原因，其中极其重要的一个原因是客家人始终如一地使用客家话，在广东客家地区有"宁卖祖宗田，不忘祖宗言"的说法。客家话是客家人区别于其他民系的根本特征，也是客家保存中原汉文化的最明显标志，其对于研究古汉语具有极大的学术价值。

客家地区广泛流行着山歌、五句板、采茶戏、汉剧、木偶戏、花朝戏、花灯、茶灯、马灯等民间曲艺。这些民间曲艺反映了客家人的精神，以及客家人的生活方式、劳动生产等情况，是客家人生活、生产的艺术写照。其中，客家山歌最具代表性，在似乎无歌无舞的汉族文化中，深情嘹亮的客家山歌独树一帜。客家山歌是客家人的口头创作，具有客家语言、风土民情等地方色彩，它继承了《诗经》中的"十五国风"和乐府民歌，以及唐代竹枝词的传统风格，同时又吸取了南方各地民歌的优秀成分，千百年来，广为流传，久唱不衰。

5. 众多的人文古迹和名人故居

客家人以重视文教出名，自古人才辈出，留下了众多的人文古迹。其中梅州被誉为"世界客都"，梅城攀桂坊、东山书院、兴宁学宫、大埔父子进士牌坊、梅县灵光寺、千佛塔等一大批人文古迹，无不见证了客家文教的昌盛。河源被誉为"客家古邑"，保留有龙川越王庙、龙川学宫、东源苏家围、紫金"客家百姓宗祠街"等一大批古迹。此外，广东各地还保存有黄遵宪、丘逢甲、宋湘、丁日昌、孙中山、叶剑英、叶挺、廖仲恺等一大批客家名人的故居。所有这些人文古迹和名人故居，都是客家文化的重要载体，它们作为有形的文化遗产具有很强的产业开发价值。

6. 民间手工技艺发达

客家地区为农耕社会，为满足自给自足的乡村生活所需，乡村民众耕作之余多从事手工业生产，因此乡村从事手工业生产者众多。就客家地域而言，以粤东最为兴盛。以梅州为例，下属各个县区都有各具代表性的手工技艺。其中尤以兴宁县为最。兴宁民国时期号称"小南京"，手工技艺发达，当地的手工业产品，如毛笔、墨烟、纸扇、草席、土布等均多远销于赣南和潮汕一带。其他如程乡县的茧绸，时称"程乡茧"，大埔高陂的陶瓷业发达，五华县的金漆木雕、石雕，丰顺、蕉岭的竹编等都名噪一时，享誉海内外。

此外，广东客家地区基本都是省内乃至国内生态环境最为优良的地区之一。特别是在广东省内，一提到客家地区，给人的第一印象就是生态良好、世外桃源，人们已经很自然地将客家与生态联系在了一起，再加上客家文化本身就孕育于当地这样一种特殊的生态环境中。自然生态环境、文物古迹、传统村落相互依存，形成了独具特色的岭南客家文化群落。可以说优良的生态环境，加之丰富的客家人文资源，为广东大力发展客家文化产业提供了强有力的资源和环境保障。

三、广东客家文化产业发展现状及发展模式

广东作为改革开放的前沿，是国内最早重视发展文化产业的省份之一。特别是随着广东实施文化强省建设战略以来，文化产业已经成为广东新的经济增长点和支柱产业之一。从 2004 年起，广东全省文化产业占GDP 的比重已超过 6%，总量年均增长速度超过 15%。广东目前在省政府层面成立了广东文化产业促进会、广东文化产业投资管理有限公司等专业性的组织；同时设立了广东省文化产业发展专项资金、广东文化产业投资基金等专项扶助资金；先后发布了《广东省建设文化强省规划纲要》《广东省文化产业振兴规划（2011—2015 年）》《广东省文化产业投资指南》等重要文件。《广东省文化产业投资指南》指出："今后 20 年，文化产业

将是广东最具活力、最有朝气且发展最快、变化最大的一个产业。"①

广东的客家文化产业在全省文化产业整体快速发展的大背景下，近年来也取得了长足的进步。无论是梅州、河源等客家文化核心地区，还是韶关、深圳、惠州等客家文化非核心地区，都在大力挖掘和弘扬客家文化，努力培育客家文化产业。

以梅州为例。梅州作为"世界客都"，被誉为"全球客家人的心灵家园"，其客家文化氛围最为浓郁，客家文化资源最为丰富，发展文化产业成为"文化梅州"的题中之义。目前，梅州的客家文化产业正处于全面起步并加快发展阶段，已取得不少令人欣喜的成果。

自 2003 年起，梅州开始实施"文化梅州"发展战略。2004 年，梅州市出台了《关于深化文化体制改革建设"文化梅州"的若干配套经济政策》这一文件，明确提出大力发展客家文化产业。近年来，梅州一直致力于打造客家文化产业，扶持客家文化重点企业。大力发展梅州客家文化旅游。梅州目前拥有国家 5A 级景区 1 家，4A 级景区 4 家，国家级森林公园 1 个，全国红色旅游景点景区 1 个，国家级文物保护单位 2 个，省级文物保护单位 24 个，有国家级非物质文化遗产 5 项，有中国历史文化名村（镇）6 个。梅州将继续以创建广东梅州文化旅游特色区为载体，发挥"山、水、人、文"四大优势，凸显客家文化、红色文化、绿色文化、养生文化和宗教文化五大特色，重点发展保健疗养、休闲度假、农耕体验、文化创意、婚庆文化、宗教文化、旅游地产等文化旅游先锋产业，争创文化、旅游、生态、农业"四位一体"联动发展的"特区"，打响"休闲到梅州、享受慢生活"特色品牌。

先后投入大量资金建成了叶剑英纪念园、东山教育基地、客家公园、客天下旅游产业园、麓湖山客家文化产业园、林风眠文化艺术产业园、千佛塔文化旅游产业园等大型文化设施和园区；启动"客家山歌手培养战略工程、客家山歌创作战略工程"，建立"双工程"培训基地；出版了"客家与梅州书系"、《客家书画》等高规格著作；成功推出了《等郎妹》《山魂》《桃花雨》等客家山歌剧；成立了"汉唐动漫""盛唐动漫"等动漫公司，成功创造出"细哥细妹""客客龙"等动漫形象，在客家地区和互联网上掀起了一股客家动漫热；成功举办了"首届客家文化艺术节""国际客家山歌文化节""首届客家文博会"和"2013 客家文化创意产品博览会"等大型客家文化展览盛会。目的就是要培育和发展一批客家文化优势

---

① 方健宏：《广东文化产业投资指南》，广州：广东人民出版社，2006 年。

产业集群，加快实现客家文化产业的集约化发展，努力把梅州建设成为客家文化产业城、全球客家人的心灵家园。

梅州在《"十二五"规划纲要》中明确提出："要依托'世界客都'这一系统性的文化资源，坚持大精品表现、大集团运作、大景点支撑、大服务引领，将客家文化资源转变为现实生产力，把梅州建成'全国知名的客家文化产业城'"，确立了"创建广东梅州文化旅游特色区，打造幸福导向型产业集聚区"的宏伟目标。《梅州市建设文化强市规划纲要（2011—2020年）》提出：到2020年，要把梅州建设成为广东区域性文化品牌建设示范市、中国梅州文化旅游特色区、全球客家人的心灵家园。可以说，梅州已经确立了发展客家文化产业的宏大目标。

总体而言，梅州客家文化产业发展模式体现在以下四方面。

1. "节会"模式

"节会"模式是指通过举办大型的节庆活动，来聚集人气、扩大影响，带动当地经济活动的开展，从而产生经济和社会效益的文化活动模式。文化产业的"节会"模式兴起于20世纪80年代中国改革开放初期，当时"文化搭台，经济唱戏"成为中国各个区域特别是传统文化资源积淀丰富的内陆山区发展经济的重要形式，其主要理念为内陆地区欠缺发展经济的交通、信息等区位优势，然而却因环境闭塞、交通不便等因素，客观地保存了丰厚的传统历史文化，成为吸引投资、发展文化旅游、彰显地方人文气息的不可再生的重要文化资源，可为推动地方经济社会文化发展提供永续发展的"软实力"。在这方面，地处中国东南沿海前沿的客家地区可谓先觉先知，成为"文化搭台，经济唱戏"的最早实践者之一，并取得了较为辉煌的成就，深获其益。其中以世界客属恳亲大会最为典型。

世界客属恳亲大会自1971年在香港举办伊始，至今共举办过29届，经过40多年的发展演进，由最初的客属乡亲联谊，发展为融乡亲联谊、经济合作、文化交流为一体的综合性节会，对于促进客家地区经济社会发展有着重要作用。

以梅州1994年举办的第12届世界客属恳亲大会为例。这届恳亲大会吸引了全球客家地区的眼球，极大地推介、宣传了梅州的客家文化，并得到了海内外客家人的高度认同，为后来梅州"世界客都"地位的确立奠定了坚实的基础。这届大会的主要文化活动内容包括：大型项目点集合落成剪彩、经贸洽谈、各地乡情报告会、世界科技名流展、客家迁移及分布现状展、客属人士书画艺术展、第二届国际客家学术研讨会、开幕式大型音乐舞蹈《客家春秋》首演、山歌剧《啼笑冤家》电影首映、礼花火龙晚会和参观梅州风景名胜古迹等。事实证明，这种活动形式对客家原乡在招商引资方面产生了极大的集聚效应。据不完全统计，梅州第十二届世客会举办期间，经贸洽谈会签署投资协议、意向书 52 项，总投资金额 6 亿多美元，签订外贸出口合同 512 万美元，签订内联项目意向投资 6 412 万元。整个梅州市接受各种捐赠 52 项，总金额 8 090 万元。大会期间接受赞助的款物达到 633 万元。此后，世客会在福建龙岩、河南郑州、江西赣州、四川成都、陕西西安、广东河源、福建三明、广西北海、河南开封等地先后举办，在招商引资方面都取得了丰硕的成果。世客会成为大陆客家地区最受欢迎的节会，成为客家地区开展经济合作和文化交流的重要平台，是推动客家地区经济社会进步和文化发展的重要纽带和舞台。当然，以世客会为龙头节会，各个客家地区还以当地富有特色的民俗文化为主题，举办了形式多样的节会，如梅州的山歌节、金柚节，河源的客家文化节，赣南的脐橙节，长汀的客家公祭母亲河，宁化的石壁公祭等，使得节会模式成为客家地区最具生命力的文化产业活动载体，有力地推动客家地区经济社会的发展。

2. "旅游"模式

宏观而言，发展旅游文化产业是 20 世纪后期世界旅游发展的主流趋势所在。随着文明的进步和社会的发展，人们对知识的追求和文化消费观念的普及，历史文化旅游已经成为当今世界旅游发展的主要趋势。客家地区丰富的历史人文资源恰好能够满足人们这种对异文化知识的需要，成为客家地区发展文化旅游的重要源泉。

与此同时，20 世纪 80 年代以来，伴随着客家文化研究的不断"升温"和客家地区经济发展的需要，发展客家文化旅游成为客家地区推动经济发展的阳光产业，如梅州市政府就提出"文化梅州"的发展战略，目的是利用梅州丰富的历史人文资源，大力发展旅游业，从而推动梅州地方经济的发展。

当前客家地区以旅游模式发展文化产业的主要内涵是以客家传统民居、乡村聚落空间建筑为载体的乡村观光旅游。其主要对象为永定土楼、粤东客家围龙屋、赣南围屋，通过对一些历史悠久或保存完整或工艺精湛的传统民居及其周边环境进行建设，营造出客家人传统的生态聚落，吸引游客前来参观考察。如福建永定湖坑土楼民俗文化村、初溪土楼民俗文化村，广东梅县丙村仁厚温公祠、桥溪民俗文化村、南口桥乡村、河源苏家围，江西赣州龙南关西新围等。游客能够从恢宏高大的客家土楼、围屋、围龙屋以及秀美清新的客家聚落中感受到悠久、深厚的客家历史人文。

3. "园区"模式

"园区"模式于客家文化产业之重要性,在于整合、挖掘与再现客家传统文化资源,借鉴展示、开发、利用客家文化的不同面向,通过文化保护与创意展现客家聚落的生活场景,经由旅游观光与文化营销等手段,带动园区乃至周边地域客家文化的传承与地方经济的发展。例如于2011年建成的台湾六堆客家文化产业园区,以"生态博物馆"(Eco-museum)为规划概念,旨在成为一个文化保存、产业发展和观光休闲的多元综合平台。园区实行以"核心园区"和"地方园区"同步经营的方式推动,积极发展营造既有客家聚落风貌,又扮演促进地方产业发展、提升乡镇竞争力的推手,引领人们走入六堆,认识客家。"六堆客家文化园区的规划,有意跳脱传统客家文化观念的纠结,而以一较为主观的客家想象,建立一个新的'客家空间象征'。规划手法不同于以往'怀旧'式的规划理念,改用'精练''发明''创造'的态度,在现有客家文化意念上,再堆建出一个既非复制又有新意的客家象征。"①

就广东客家地区而言,客天下旅游产业园是目前较具"客家韵味"的文化产业项目。

客天下旅游产业园位于广东省梅州市梅江区,于2006年3月29日开工建设,占地面积约2 000公顷,投资总额超过30亿元人民币。客天下旅游产业园是我国首个以客家文化为主题的旅游产业园,目前已成为国家4A级旅游景区。近两年通过与中央电视台合作录制《国庆七天乐》《星光大道》华南地区选拔赛等知名节目,以及邀请著名歌唱家宋祖英演唱主题歌曲《客天下》等,在国内外迅速积累了较高的知名度,成为世界客都的一张最新"名片"。

客天下旅游产业园的规划以客家文化为核心,以客家民俗文化旅游、近郊森林休闲游憩娱乐活动相结合的旅游产业园为定位,以精品战略打造会议接待、休闲娱乐、康体健身和最具客家文化内涵的人文景观环境,吸引国内外游客。园区主要由"十大文化工程"和"五大景区"组成。这十大文化工程包括客家鼎、客家赋、百米大型客家迁徙图、客家墟日图、印象客都、潘鹤四大雕塑、作家庄园、客家祠、梅花园、客天下巨石广场十个文化含量极高的项目。五大景区则包括客天下广场、客家小镇、千亩杜鹃园、郊野森林公园、圣山湖五个景区。

客天下旅游产业园深入挖掘客家文化渊源,将"文脉"转换为"景观

---

① 吴炀和:《台湾"六堆客家文化园区"与客家人族群认同的辩证关系研究》,载王建周主编:《客家文化与产业发展研究》,桂林:广西师范大学出版社,2007年,第326页。

之脉"贯穿全园，是梅州集历史和现代、文化和休闲为一体的缩影。生态资源与人工建筑相互协调统一，处处体现"客"文化以及山区美景。十大景观和五大景区紧紧围绕着"客都"的精神，突出客家人文特点，无论是建筑风格，还是山水风情，抑或景区规划，以及旅游产品特色，都融入了客家元素。

客天下旅游产业园从 2010 年正式开业以来，已累计接待游客超过 500 万人次，2012 年仅国庆黄金周期间就接待游客 90 万人次，最高峰曾一天接待游客超过 10 万人次，取得了一定的经济效益。

4."文创"模式

文创模式主要是对传统文化资源进行创意、开发成为高附加值的文化产品，以带动地方产业发展的模式。以梅州为例，2007 年至 2013 年，梅州文创产业经历了 6 年的发展，文创产业如"星星点灯"，难以产生"燎原"之势，直至 2013 年 10 月 30 日梅州市客家文化创意产业协会成立，并成功举办了两届客家文博会，使之成为展示梅州客家文化创意企业、产品的大平台。"首届客家文博会吸引了来自德国、印度尼西亚、中国各地共 8 个省 25 个地市的 130 多家客家文化创意企业参加，第二届则吸引了 169 家企业数千种展品。"然而本地的文创产品种类少，文化创意显示度不高，"文创"的对象主要局限在客家地区的传统手工技艺之服饰、竹编与陶瓷两方面。

以 2014 年深圳文博会梅州展馆为例，梅州参展产品多是原生态的文化产品，包括山歌、汉剧、汉乐、席狮舞等客家传统文化，同时展示了部分泥塑、陶瓷工艺品。在文化吸引力极强的同时，存在市场开发度、创意文化附加值不高的特征。

2014 年 11 月 6 日，客家文化创意产业孵化基地正式挂牌成立，基地建筑面积约 5 000 平方米，设有客家文化创意产品展览交易馆，文化创意研发、孵化、培训基地，版权登记和交易中心，会展、学术报告厅，以文化创意助推传统企业转型升级并创造新价值，孵化最具价值和发展潜力的文化创意企业。

目前梅州也出台了扶持文化产业发展相应政策：《梅州市鼓励扶持文化产业项目发展优惠政策》和《关于扶持中小微企业发展的若干政策措施》。后者更是明确规定：2012—2016 年，每年安排文化产业发展项目扶持资金 400 万元，支持文化重点项目建设、扶持重点转制文化企业和培育骨干文化企业的发展。今后还计划出台《扶持文化创意产业发展的意见》《梅州市文化创意产业基地认定和管理办法》《鼓励为文化创意企业提供担保的实施办法》和《加快文化创意产业园区建设的若干意见》等一系列政策措施，以扶持文创产业发展。

至目前，梅州市文创协会会员已发展至124家，所涉行业广泛。目前梅州的文化创意产业的发展还处于初级阶段，面临"有行业没有产业、有资源没有创造价值"的发展现状。但是由于地方政府的支持和资源、环境的优势，文创产业有望逐渐发展成为梅州朝阳产业。

四、广东客家文化产业未来之努力方向

不可否认的是，梅州目前仍属经济欠发达地区，全市经济总量小，在地方财政只能是保"吃饭"、保"开门"的情况下，不可能像发达地区那样，拨出足够的资金发展文化产业，因此客家文化产业的发展仍面临资金投入严重不足的问题。此外，文化产业是一项知识密集型产业，梅州作为一个山区小城市，既难留住本地人才，又难吸引外来人才，因而目前仍然十分欠缺发展文化产业的高层次人才。最后，梅州地处交通相对偏僻的地区，在吸引人流、物流、资金流方面存在一定的缺陷。这些因素都在一定程度上阻碍了梅州客家文化产业的发展，所以梅州发展客家文化产业虽然前景光明，却有不少需要克服的困难，而这也正是广东全省各客家地区发展客家文化产业所处的一个基本现状。

1. 重视客家文化的挖掘、整理与保护

广东是客家文化重地，客家文化历史积淀深厚，文化内涵丰富多彩。这些都得益于广东悠久的人文历史、区位特色。然而广东作为我国改革开放的最前沿，经过30多年的发展，广东的传统客家文化也逐渐出现了流失的现象，随着粤东客家地区的人口长期大规模向珠三角地区流动，越来越多的客家村落出现了"空心化"的倾向，如何弘扬和保护传统客家文化，成为广东的一大课题。同时根据广东客家地区的经济、文化水平发展现状，现阶段广东客家地区发展文化产业的最佳路径是走资源型文化产业之路，既不同于台湾发展创意型文化产业，也不同于大陆其他发达区域朝制造型文化产业方向发展。因此，重视客家传统文化资源的挖掘、整理与研究，在对其进行合理的评估与保护的基础上实行有效的传承与发展，是发展广东客家文化产业最为基础性的文化工程。

2. 重视文化产业的发展与地区民众的日常生活相结合

文化产业的发展，一定要接地气，要与当地民众的日常生活紧密地结合在一起，才会得到永续性的发展，焕发出永恒的生命力。台湾发展客家文化产业的过程中，"社区总体营造"是一个十分重要的概念，是台湾客

家文化产业的精髓,"乐活"是最常听到的一个词语。在台湾,发展客家文化产业不仅具有明显的经济功能,而且有改善社区环境和提升人们生活品质的明确目的性,要努力让当地的人们和前来参观的游客"乐活",即快乐生活。"社区总体营造"是台湾在城市建设和农村改造中的成功探索,它以建立社区文化、凝聚社区共识、建构社区生命共同体为主要目标,力求整合"人、文、地、景、产"五大社区发展方向。在台湾,客家文化产业不仅是一种产业形态,更多的是一种生活方式,以文化创意的方式营造一个轻松和谐的氛围、健康的生态,这往往比以生态破坏为代价带来巨大的经济效应更有价值。所以,我们可以看到台湾客家地区通过发展文化产业,各地的自然环境明显改善,文化品位明显提升,人们的生活品质明显提高,因而它能获得无论是地方政府还是当地百姓的普遍支持。

广东客家文化博大精深,有着大量的老城区、古镇、古村落、古建筑,以及丰富万端的民俗活动和传统工艺,这些都具备开发成文化产业的条件。但是,我们许多客家地区因为没有整体规划,显得十分脏、乱、杂。一些原本很有吸引力的文化景区由于周边环境的糟糕而让其美感大打折扣,严重损害了其旅游吸引力。因此,我们在进行客家文化的产业开发过程中,可以吸取台湾的经验,注重整体社区的改造,努力改善社区环境,提升居住在其中的人民的生活品质,这样才能获得当地民众的支持,开发才能持久,也更能增强对外的整体吸引力。

3. 必须重视文化产业中"客家韵味"的彰显

无论是客家桐花祭、三义木雕、六堆客家文化园区,还是台湾其他一些发展较好的客家文化产业,无不采取的是与旅游观光相结合的发展模式,即通过文化创意产业来吸引游客,反过来又通过游客购买创意产品来促进创意产业的发展。这种策略和发展模式其实符合世界各国文化产业的主流发展模式。

广东发展客家文化产业也应该走这样一条文化产业与旅游相结合的道路,更何况广东的客家地区大都有着较台湾客家地区更为优越的山水自然景观,许多地区早已经成为省内乃至省外的旅游目的地,在客家文化产业的开发过程中除却注重完善相关旅游配套措施,培养好从业者服务业心态,强化服务业技巧,以实现旅游产业的良性发展外,根本性的问题是要凸显文化产业中的"客家韵味"。

当前客家地区为了迎合客家文化热的潮流,出现客家文化产业标签化或曰概念泛化的现象。这种现象在旅游业中变现最为明显。为了吸引游客,凡是在闽粤赣地区开设的旅游项目都冠之以"客家文化旅游",忽略了客家文化旅游的真实内涵，从而淡化了客家文化旅游的价值和魅力。主要表现在两个方面：一是泛客家文化现象。将闽粤赣三地带有整个南方民族文化共性的一些民俗文化现象如二次葬等，据为客家族群所独有。二是伪客家文化现象。在一些景区人为地建造一些与当地环境、社会极不协调的景点，从而破坏文化旅游形象。一些地区为发展客家旅游，不顾客家历史的实际，指鹿为马，在一些乡村文化元素的认识上异想天开，随意发挥，人为加工，严重影响客家文化健康持续的传承发扬。因此要使当前客家地区的文化旅游变成真正的客家文化旅游，使客家文化旅游成为历史文化旅游的一个品牌，必须抱着尊重文化尊重科学的态度，全力挖掘，科学运用，不断提炼客家文化的特质与内核。在旅游开发、项目经营方面，注重与相关的客家研究机构与人员的通力合作，严谨论证，才能真正凸现客家文化旅游的主题，使客家文化旅游成为推动客家地区经济义化发展的强大软实力。

4. 大力加强文化创意人才的培养和文化传承人的保护

台湾的许多客家文化产业之所以能取得成功，人才是关键因素。发展文化产业有赖于一大批善于打破常规，富有创新精神的人的参与，人才的培养显得特别重要。台湾的人才优势主要体现在创意设计型人才上，据不完全统计，全世界设计类专业博士中，台湾人占据了半数以上，而且台湾设计师也屡屡在世界设计大赛中斩获大奖。目前台湾的设计专业教育资源很丰富，从中小学到职业院校都会设置相关的设计专业，同时在培育中特别注意将参与社会活动与学校课程学习相融合，让学生不与实践脱轨，培养社会所需的设计人才，营造出了良好的设计专业教育体系。

2015 年 9 月，首部客家爆笑情景剧《哈嘎兄弟》在优酷、腾讯、百度等各大视频网站陆续推出，其中客味浓浓的客家话和现代无厘头爆笑情节，引起了梅州本地网络媒体及客家游子的关注，至目前网络总点击量超过 50 万。

然而，这样一部客味十足的影片的产出过程却困难重重。据投资出品方谷雨传媒总经理吴宇嘉说："除了资金不足外，最令人头痛的就是人才，《哈嘎兄弟》中的演员绝大多数是在校学生，而不是专业的、专职的演员，所以我们只能赶在学生放假期间拍摄，拍出的影片也不够精美。此外，在第一部影片中，两名主演兼任导演、编剧，因缺乏社会历练和制作经验，他们写出的剧本也比较稚嫩，我们还需请专业的人再进行加工修改。"

《哈嘎兄弟》的人才问题并非个例。目前梅州由于区位、经济等短板导致文化创意人才匮乏，很难吸引和留住人才。

此外，当前被列为各级非物质文化遗产的客家文化资源，每项遗产都确立了传承人，这些传承人均掌握了非凡的传统技艺、高超的表演技巧，熟知民俗活动的整个流程，他们是进行客家文化产业开发的重要资源，许多传承人本身就是一块招牌，但是现在这些传承人要么年岁已高，要么后继无人，面临青黄不接的人才断层的窘境。

广东要加快客家文化产业的发展，首先在人才储备上要加强，一方面要吸引外地优秀人才服务广东，另一方面，要依托本土高校加强相关人才的培养。同时加强对文化传承人的保护，为文化产业发展提供资源与人才的保障。

5. 政策支持与产业导向是促进文化产业健康发展的重要保障

文化创意产业尚属新兴产业，具有投入期长、产生经济效益慢的特点，因而特别需要政府政策的鼓励和资金上的扶持。台湾"客委会"具体负责客家文化创意产业的发展，其每年都会制定相关的政策进行扶持，并拨出专门经费用于支持客家文化创意的发展，这是台湾的客家文化产业能获得快速发展的重要保障。

如客家桐花祭在台湾"客委会"的统一部署下，动员了十余县市参与，产生了强大的协同效应。三义木雕在面临转型升级的困难时，苗栗三义地方政府及时响应地方诉求，规划设立三义木雕博物馆，使其扮演木雕艺术创作技艺升级和产业发展转型的火车头，提供创作者创作与展示的空间，激发创意和吸引各式创意人才投入木雕创作。六堆客家文化园区的建设，也是"客委会"为强化跨县市客家文化资源的整合，促进区域性客家地区产业和旅游业的发展而出资一手推动的。因此，地方政府所扮演的角色对于文化创意产业的发展非常重要，它应该努力回应地方需求，及时做好规划和引导。我省已制定许多鼓励文化产业发展的政策和措施，如《广东省建设文化强省规划纲要》《广东省文化产业振兴规划（2011—2015年)》《广东省文化产业投资指南》等，下一步的关键是如何落实，特别是地方政府应主动作为，加强引导，真正成为地方文化产业发展的推手。

6. 拓展融资渠道是促进文化创意产业发展的重要手段

政府的资源毕竟有限，如何取得社会企业的支持与赞助，成为客家文化产业能否顺利发展并持续壮大的关键。如台湾三义木雕之所以能取得巨大成功，与以裕隆企业集团为代表的一大批企业的赞助和支持密不可分。客家桐花祭每年也能吸引大量有实力的企业的赞助和冠名。在台湾文化产业快速发展的整体氛围下，越来越多的企业也愿意投入其中，一方面它们会主动涉足并从事文化产业的开发，另一方面也可以借投入文化事业而提升企业的知名度，产生良好的互动效应。

在文化创意产业的发展过程中，资金短缺导致梅州不少"草根"文化创意企业难以做大做强，计划开发实景木偶剧系列视频的树德文化传媒，正是因为陷入资金困境而搁浅影视作品开发计划。

在2014年11月举办的第二届客博会上，树德文化传媒携新颖的实景木偶剧视频《听我来讲古之李文古妙劝四叔姆》亮相，精致的微缩版客家生产生活场景吸引了诸多市民的视线，不少小朋友更是被视频吸引，看得挪不动脚。此外，该视频在客家堂网站上点击率已经超过6万次，在优酷网上也达到7 000多次。

据介绍，《听我来讲古之李文古妙劝四叔姆》是树德文化传媒试水实景木偶剧的第一部作品，也是该公司策划的客家话系列的第一集视频。"我们策划了关于客家名人、客家风俗等内容的系列作品，参加客家文博会就是为了寻找合作伙伴，但现场很多人只是来看看。"树德文化传媒的负责人钟沛恒认为，虽然《听我来讲古》的市场反应不错，但愿为这部原创作品投资的人极少。

"对于视听产品来说，播出平台非常重要，这关系到是否有回流资金继续开发。"钟沛恒告诉记者，第一集视频是由树德文化传媒投资的，但至今整个系列视频仍未有播出平台，也没有投资方注资拍摄续集。

当前梅州文化创意产业的发展，投资主体相对单一。这种相对单一的格局对于做活、做大、做强文化创意产业，都是一种局限。因此，应该加快文化领域投、融资体制改革，坚持非禁即入原则，放宽市场准入条件，鼓励社会资本投资文化创意产业，支持民资、外资以多种形式投资兴办文化创意企业。开辟多种融资渠道，形成以企业投入、政府资金、银行贷款、创业投资、证券融资等相结合的多元化投入机制，从而吸纳更多的社会资金，壮大文化创意产业的自身实力。

参考文献

［1］俞龙通：《文化创意 客家魅力：客家文化创意产业观点、策略与案例》，台北：师大书苑有限公司，2008年。

［2］洪泉湖、刘焕云主编：《多元文化、文化产业与观光》，台北：扬智文化事业股份有限公司，2009年。

［3］王建周主编：《客家文化与产业发展研究》，桂林：广西师范大学出版社，2007年。

［4］龙岩市旅游局：《海峡客家旅游发展论坛论文集》，2009年。

［5］徐延：《文化创意产业概念辨析》，《当代传播》2007年第4期。

［6］刘焕云：《社区营造与文化产业再造之研究》，见洪泉湖、刘焕云主编：《多元文化、文化产业与观光》，台北：扬智文化事业股份有限公司，2009 年。

［7］熊澄宇：《世界文化产业研究》，北京：清华大学出版社，2012 年。

［8］房学嘉、宋德剑、周建新等编著：《客家文化导论》，广州：花城出版社，2002 年。

［9］房学嘉：《客家民俗》，广州：华南理工大学出版社，2006 年。

［10］宋德剑：《深化客家文化旅游的理性思考——以闽粤赣地区为重点》，见龙岩市旅游局：《海峡客家旅游发展论坛论文集》，2009 年。

［11］刘焕云：《论客家文化产业的建构方向》，《赣南师范学院学报》2012 年第5 期。

［12］古广胜：《梅州文化产业发展问题探析》，《中国城市经济》2011 年第 11 期。

［13］江金波：《梅州民俗旅游资源及其开发》，《热带地理》1998 年第 1 期。

［14］徐维群：《论海峡客家文化产业群的开发与创新》，《龙岩学院学报》2010 年第 6 期。

［15］陈伯礼、高长思、徐信贵：《台湾的文化创意产业营造及其启示》，《华东经济管理》2011 年第 11 期。

［16］徐信贵、陈伯礼：《台湾文化创意产业营造中的政府角色与功能》，《管理现代化》2010 年第 2 期。

［17］杨洁：《文化创意产业发展亟待解决的相关问题》，《现代管理科学》2012 年第 7 期。

［18］王齐国、张凌云：《文化产业园区》，济南：山东大学出版社，2011 年。

［19］张晓明、王家新、章建刚：《中国文化产业发展报告（2012—2013）》，北京：社会科学文献出版社，2013 年。

［20］方健宏：《广东文化产业投资指南》，广州：广东人民出版社，2006 年。

台湾客庄文化创意产业与区域发展
——新竹县启动文创产业新焦点的行动研究

俞龙通①

一、引言

本研究的目的是针对新竹县新埔、关西两个乡镇之文化生活圈进行资源盘点与归纳分析,挖掘更具体及明确的文创潜力点并进行潜力点评估与规划,为此生活圈找出潜在的文创产业亮点。由于新竹县属于农业县,其产业结构有别于城市大都会,因此在文化创意产业之发展上也偏向于着重地方特色,尤其是客家特色。本文拟从以下四个方面,盘点与挖掘有助于形塑和凝聚新埔、关西文创潜力点之论述。

二、文献探讨

(一) 期刊与博硕士论文

除了从文创活动者数量来探讨和挖掘新埔与关西生活圈的文创产业特色外,另一研究方法就是从相关文献的讨论中来探寻有关此一生活圈探讨的主题。被探讨得多或深入的主题,往往是这个区块的焦点,通常都具有区域的影响性、文化的代表性和象征意义,也较为符合文化创意产业潜力点的选项。本研究以新埔、关西这两个区域特色的茶产业、仙草、柿饼、柿染、文化资产、宗祠、义民祭、新埔柿饼节等为关键词,从相关图书与

---

① 俞龙通,台湾联合大学文化观光产业学系副教授兼产业创新、产学合作中心主任。

论文数据库中加以搜寻，得到相关数据的主要内涵与主题，包括：

1. 整体区域发展

林崇伟（2012）提出建构关西镇数字化的网络游憩平台。曾郁菁（2012）运用地方营销及营销策略来推广新埔镇地方文化产业，并活跃及带动新埔镇的经济商机。邱世昌（2011）以新埔传统聚落为例，指出传统聚落所具备之人文地景特色，可作为乡镇市地方政府层级之产业再发展策略。李英榕（2010）研究了凤山溪与霄里溪流域的客家聚落族群产业变迁及其盛衰消长。张文姜（2010）以新竹县关西镇金锦小区为例，探究客家地区之小区营造困境。张碧琴（2009）探究新竹县的观光产业营销策略规划。陈思琦（2007）以关西玉山地区为个案，探讨地方文化产业与小区营造两者之间的关系，指出小区营造必须通过地方文化资源的开发利用，才能促进地方文化产业发展；而地方产业发展之养分也应来自地方文化资源之整合运用，须仰赖小区的营造推动，从小区营造面向探讨地方文化产业发展，两者相辅相成，才能符合永续发展的原则。曾逸群（2004）探究新竹县新埔镇地区城镇观光发展之策略与营销。曾春镁（2003）从整体性的历史地理角度，探究新埔地区的经济与社会的变迁。

2. 节庆活动

张倩斐（2012）探究新埔义民祭的节庆活动旅游效益，认为新埔义民祭具有说不完的宗教内涵，也渐渐转型并产生节庆的新意象，并且带来利润庞大的创意商机。涂昭桦（2012）通过新竹新埔柿饼节来探究文化经济与乡村发展的关系，认为其加深了地方的认同。刘贞钰（2011）以2010年新埔镇"新埔心·照门情"节庆活动为例，探究农村体验节庆推广活动如何建构游客地方依附，其中"自然生态"和"历史人文"体验活动，可以让游客有较高的地方归属感。邓闵文（2010）以新埔柿饼为例，探究地方特色产业的竞争力。研究发现，良好的自然环境与柿饼节的举办是新埔柿饼产业成功之关键；而经营者与政府单位、农会之间关系不够紧密；经营者无提升知识力之意图，导致新埔柿饼产业之竞争力无法提升。林明（2009）关注了新埔柿饼节的关键行动者对节庆的影响。

3. 地方特产及休闲观光

詹秋香（2012）从治理的角度，探究新竹县新埔镇照门休闲农业区农村发展协力的问题与对策，发现落实"培根计划"是突破照门休闲农业区目前发展的契机及推动"大坪生态艺术村"为照门休闲农业区农村再生策略。彭竹筠（2012）、张筱君（2011）以新埔镇金汉柿饼教育园区为研究案例，探究农业体验游程之游客满意度及消费行为，达到增加柿饼加工业者对游客休闲游憩与消费行为之掌握，协助其改善并创新以柿饼文化为主体的体验游程。陈彦羽（2011）也以新埔镇旱坑里柿饼文化产业为案例，探究关键网络与地方文化产业发展的关系。研究发现新埔镇公所、柿饼产销班、新埔镇产业协会与旱坑小区发展协会等组织中的子网络具有重大影响力，在地方的社会网络中与其他组织发生互动，进而影响柿饼、柿染的产业走向。陈定铭（2011）以客家地区关西镇农产品为研究个案，发展出关西农产品五星概念，探讨各农产品的特色及具有潜力产品的发展空间。蔡佩宜（2010）从客家文化产业发展环境，分析探究关西仙草产业的发展，发现不同族群的消费者大都认同仙草等于客家，从客家族群生活、饮食文化特质、地域环境及节庆活动，进而形塑关西仙草产业的客家意象；也由于客家族群特质，形成客家文化产业的传播模式，使产业链趋向品牌独占的形态。目前仙草成为关西地区新兴的客家文化产业，并取代过去传统的客家茶产业。杨美峰（2008）研究新竹县关西地区茶产业变迁与转化，以时间脉络为横轴，以政策、环境、经济、产业及社会人文等变动因素为纵轴，挖掘每一时间的变化与特征，并探究现阶段经营者的因应与转化类型。罗庆士（2007）探究新竹地区（桃、竹、苗）之红茶发展过程及客家族群与台湾茶业之互动。黄振恭（2004）探究顾客需求、满足顾客所需之游憩体验与旅游期望的关系，通过此一过程了解休闲农业服务产业经营成功之道。朱佩莹（2002）则以游客参与乡野观光之动机、期望与满意度来探究新竹县休闲观光产业消费者行为，经研究发现民众参与动机主要为接近与体验大自然、松弛身心、调剂生活以及欣赏乡野的自然田园景色。在期望与满意度方面，则从"乡野观光游憩环境""乡野观光游憩服务设施""乡野观光之游憩活动"和"心理体验"等四个层面进行探讨。朱世娟（2003）以景观生态观点探讨新竹县照门区生态旅游区之永续发展。

4. 客家文化及古迹

曾昭儒（2011）以新竹县新埔镇八处客家古迹文化为例，来探讨地方文化产业行销策略，了解这些古迹在客家区域中扮演的重要角色，及其对于客家族群的意义与价值，并探讨地方政府如何运用其古迹资源，结合当地客家文化来规划地方未来营销的发展定位。

从以上的研究可以发现，相关文献所提到的文化资源以新埔柿饼、红茶产业为大宗，据此延伸的节庆主题也是一大重点。其他如柿饼园区或柿染偶有提到。义民祭和古迹宗祠也有讨论。地方营销则从区域的角度来思考整体发展，采取数字化的手段，或是将之划分成几大主题，或是从历史与地理发展源流和小区营造的角度来探讨。综合言之，代表关西与新埔生活圈的特产如茶、柿饼、仙草、休闲农业和古迹、义民祭等都是相关研究的主题，也可说明这些文化资源确实是具有地方代表性和文化价值的当地元素。

（二）政府计划

因政府部门计划繁多，无法一一赘述，本文兹举与新埔和关西文化产业资源有关的计划项目简要说明。首先，因新竹县是典型的客家大县，也是"客家委员会"极为重视的重点发展区域，因此在"客家委员会"的补助计划方面，是一大重点项目。有关客家文化生活环境营造计划，兹举2013年为例，新埔镇主要着重古迹与宗祠的修复，包括重要家族家庙的调查研究、所形成的宗祠博物馆的策动联营和吴浊流故居的修复计划。关西镇方面主要是桐花步道和客家文化生活环境资源调查暨整体规划计划。这些计划主要还是属于基础文化资源的调查和硬件工程项目的修护，策动联营刚起步，对如何通过文化观光来带动区域发展则尚未有完整构想，这也是本研究所要探究的主题之一。

在客家特色文化附加值产业方面，新竹县关西镇促进产业文化发展协会从2007年以来一直都举办"咸菜瓮观光产业嘉年华活动"，已经连续举办多届，主要目的为推广关西的地方特产。新埔镇方面，新埔镇农会从2009年开始已经提出新埔镇柿饼产业文化活动计划，举办新埔柿饼节活动。类似的计划并不多，且都是小型的补助项目，唯新埔镇农会结合其他单位资源，有效打响了新埔柿饼的知名度，带动新埔柿饼产业的营销。

在客庄十二大节庆方面，自举办以来，新竹县的"义民文化祭"就入选客庄十二节庆，且年年入选。奠基于深厚的文化基础和小区广泛参与的历史与巨大能量，"义民文化祭"已经成为新埔镇年度大活动，由于主办单位为新竹县政府文化局，补助金额较高，补助的主题也非常明确，因此不管是从客家文化的扎根与传播，还是从小区居民参与的质量和人数规模来说，都是新埔镇最大的亮点。"义民文化祭"深厚的文化脉络与底蕴，能否和小区强大的动员能力结合，带动新埔相关产业的发展，成为新埔镇文创产业的亮点和发动机，是本研究所要探究的主题之一。

表1　客家委员会补助计划大略

客家文化生活环境营造计划（2013 年）	
新埔镇	关西镇
●新竹县新埔镇范氏家庙调查研究计划 ●新竹县吴浊流故居修复计划（第一期） ●新竹县吴浊流故居修复计划（第二期） ●新竹县新埔镇宗祠客家文物导览馆 ●新埔张氏家庙紧急抢修工程计划 ●新埔宗祠博物馆联营策动计划 ●新埔镇飞龙登山步道客家聚落生活环境营造计划 ●新埔宗祠博物馆之宗祠整建计划——县定古迹新埔范氏家庙紧急抢修工程 ●新埔宗祠博物馆之宗祠整建计划——县定古迹新埔陈氏宗祠紧急抢修工程 ●新埔吴浊流故居工作坊暨再利用规划 ●新竹县新埔镇宗祠客家文化导览馆工程 ●新埔宗祠博物馆联营策动计划（第二期） ●新埔镇飞龙登山步道客家聚落生活环境营造工程 ●新竹县吴浊流故居修复计划（第三期） ●新埔镇潘屋与螃蟹洗衫窟生活环境营造工程 ●新埔宗祠博物馆——新埔潘屋修复及再利用计划 ●新埔宗祠博物馆联营策动计划（第三期） ●新埔镇客家聚落生活空间与环境营造计划 ●新埔镇巨埔里莲花池至吴浊流故居外围生活环境改善工程 ●新埔宗祠博物馆之宗祠整建计划——县定古迹新埔陈氏宗祠修复及再利用工程 ●新埔宗祠博物馆之宗祠整建计划——县定古迹新埔张氏家庙修复设计	●新竹县桐花步道工程——关西镇金锦小区彩和山油桐花步道 ●关西镇南山里客家特色文化农村步道整建工程规划设计暨工程 ●关西镇东山里打牛崎桐花暨生态步道工程 ●新竹县关西镇客家文化生活环境资源调查暨整体规划 ●新竹县关西镇客家农村聚落生活环境资源调查研究计划案
客家特色文化加值产业	
●新埔镇柿饼产业文化活动计划（1998 年至今）。提案单位：新埔镇农会	●咸菜瓮观光产业嘉年华活动。提案单位：新竹县关西镇促进产业文化发展协会
客庄十二大节庆	
●义民文化祭	

在政府经济方面的补助计划中，金额较大的为地方产业发展基金（简称地产基金），这几年的计划都着重在茶产业，包括2012年的新竹县茶主题特色产业形象塑造暨整合营销计划"好客竹县·好客茶"，与关西新埔生活圈相关的就是关西红茶产业。观察全县茶产业的发展区域，似乎发展重心偏向北埔、峨眉及宝山的大隘三乡的东方美人茶（膨风茶）。"农委会"在关西与新埔相关小区都有补助农村再生计划，主要还是以景观环境营造为主。

文化部门历年来都有补助地方文化馆与小区营造计划，如补助新埔镇产业文化发展协会的"新故乡小区营造第二期计划——小区营造金巷奖计划：新埔镇柿染文化深度探讨计划"，属于人文教育类的计划。其他补助计划如台湾红茶股份有限公司台红茶业文化馆的"地方文化馆第二期计划——盘石播种·竹县深耕计划"，属于环境景观的强化计划。这类计划是每年度都有的补助计划，属于单点式的小型补助计划。其他如"劳委会"补助小区发展协会的多元就业发展方案，由于数量众多，不一一赘述，然从其性质也可知其发展能量与规模。

近年来文化局在关西主推"打造艺术的关西，关西的艺术"，举办"关西亚维侬艺术节"，结合小区的艺术能量和古迹文化，试图打造关西的特色。这一较为符合关西当地特色，兼具创意思维的新主题，于2014年获得文化部门"文化村落补助计划"的支持。类似艺术节庆活动在国外成功案例包括爱丁堡艺术节、法国亚维侬艺术节等，"关西亚维侬文化艺术节"是否能像国外的艺术节庆活动一样发光发亮，成为带动关西镇文化创意产业发展的火车头，也是本研究要讨论的主题之一。

由于政府计划具有政策指向性，能引导区域发展的走向，因此任何产业或区域的发展，必须建构在现有政府施政计划的基础上，持续累积与延伸，才能创造亮点。基于此，综合以上有关政府计划的主题与方向，可以看出关西与新埔文化生活圈的潜力点。新埔义民祭承载的客家文化和客家族群的集体记忆与文化认同，毫无疑问是最重要的一大潜力点。此外，新埔柿饼节结合当地产业，试图将当地产业文化化，经过多年来各单位的努力和投入，也已经成为代表新埔意象的文化产业。关西镇的古迹宗祠、新埔的义民庙等古迹，近年来成为客家文化生活环境营造的重点发展区，利用此一场域，新竹县文化局结合小区剧场等艺术能量，举办"亚维侬文化艺术节"，试图为此一区域注入新元素，因为举办时间尚短，急需发展策略与推动方案。不论是众所皆知的义民祭、新埔柿饼节或是创新的"亚维侬文化艺术节"，都是以当地文化和场域所建构的节庆活动，因此关西与新埔生活圈似乎可以发展成为节庆之都。再者，地方特产方面，关西红茶属于地方文化馆的补助项目，台湾经济事务主管部门的地方产业发展基金虽然以茶产业为主题加以补助，但重点应为大隘三乡。因此关西红茶似乎应以文化资产的概念来思考，可以结合节庆活动，成为其中一环。新埔柿饼和关西仙草也是其他政府计划和地方农政单位的辅导项目中的重点。

综合以上文创产业资源调查、文献探讨和政府计划施政重点的盘点与归纳分析，关西与新埔文化生活圈的文化资源潜力点可以归纳如下：

（1）文化内涵的节庆活动：客家义民祭、新埔柿饼节、关西亚维侬文化艺术节。

（2）文化场域的古迹聚落：关西与新埔宗祠、家庙、故居、地方文化馆（吴浊流故居、台红茶业文化馆等）。

（3）地方特色产业与文化：新埔柿饼、关西红茶、仙草及休闲农业。

三、研究方法与流程

本文根据区域文创产业亮点评估与规划的理论与实务，规划程序与重点如图1所示。

（一）潜力点评估流程

潜力点评估流程		
研究方法		
文献分析/焦点团体座谈		
调查资料	博硕士论文	政府计划

$\Downarrow$

找出潜力点
现况 SWOT① 分析
潜力点确认及具体政策建议

图1　新埔、关西生活圈潜力点评估流程图

---

① SWOT 是指组织内部条件的优势（Strength）与劣势（Weakness），以及外部环境的机会（Opportunity）和威胁（Threat）。

（二）评估步骤与重点

步骤一：文创产业环境资源分析。此步骤的重点在于区域基础资源的盘点，包括有形与无形文化资产，即所谓的人、文、地、景、产等方面的归纳与汇整。团队将根据相关的研究文献和政府施政计划等归纳出新埔与关西地区主要的潜力点，加以初步的盘点。

步骤二：文创产业环境资源文化价值评估。评估找到的潜力点是否具有过去、现代和未来的美学、历史、科学及社会价值；是否具有能够呈现地区特色之建筑、景观、物品之设计与工艺；是否具有稀少性、独特性、杰出性、研究或教学的潜力、代表性、视觉吸引力、技术与创新性；是否与特殊的个人、文化活动或精神信仰相联结。

步骤三：文创产业环境资源市场吸引力分析。某些文化资产虽然具有文化的重要性，但并不一定具有市场性，或文化观光的吸引力，所以需要经过市场吸引力的分析。

步骤四：文创产业开发决策。这一阶段的重点就是文创产业的开发。包括商品和组织建制的组成。

四、潜力点评估

本研究经过相关文献探讨、施政计划评析及焦点团体座谈等阶段与程序后，挖掘与提取出关西、新埔文化生活圈具重要性、文化代表性和市场价值性的潜力点（见图2、图3）。

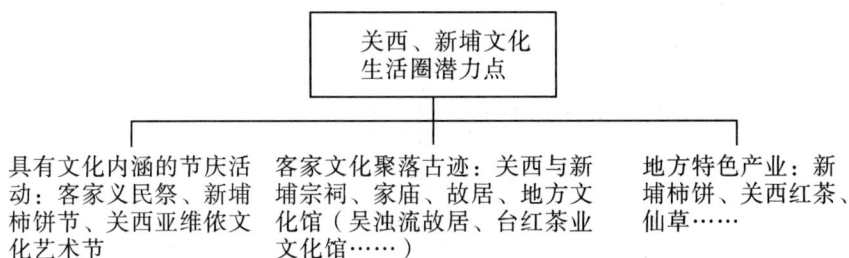

```
                    ┌─────────────────┐
                    │ 关西、新埔文化    │
                    │ 生活圈潜力点      │
                    └─────────────────┘
        ┌──────────────────┼──────────────────┐
```

具有文化内涵的节庆活动：客家义民祭、新埔柿饼节、关西亚维侬文化艺术节　　　客家文化聚落古迹：关西与新埔宗祠、家庙、故居、地方文化馆（吴浊流故居、台红茶业文化馆……）　　　地方特色产业：新埔柿饼、关西红茶、仙草……

图2　关西、新埔生活圈三大潜力点

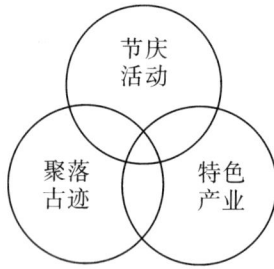

图3 关西、新埔生活圈三大潜力点关系图

（一）关西、新埔生活圈资源现况

现今新竹县关西镇（客家人口占89%）、新埔镇（客家人口占92%），是典型的客庄。群山环绕、风景秀丽、人文荟萃、文风鼎盛。关西、新埔区域人、文、地、景、产资源如表2所示。

表2 关西、新埔区域人、文、地、景、产资源盘点简表

区域 资源面向	关西	新埔
居民结构	1. 至 2013 年 1 月止，人口数为31 225人 2. 族群多数为客家人 3. 年轻人多外出工作 4. 参与公共事务的意愿薄弱	1. 至 2013 年 1 月止，人口数为34 935人 2. 族群多数为客家人 3. 年轻人多外出工作 4. 参与公共事务的意愿薄弱
文化历史	1. 完整的客家聚落，代表客家人开垦山区的历史 2. 境内有关西古迹园区，包括关西分驻所、太和宫、东安桥、树德诊所、台湾红茶公司、关西郑氏祠堂、河背罗屋豫章堂书院等	1. 新埔地理上的封闭性，使得新埔仍保有浓厚的客家传统，而枋寮的义民庙更是新埔及整个北部地区客家人信仰的中心 2. 宗庙祭祀圈文化鼎盛，每年的义民祭是凝聚地区民众的宗教信仰中心

（续上表）

资源面向 区域	关西	新埔
地理环境	关西镇位于新竹县之东北方，为牛栏河与凤山溪汇流之处。南邻尖石乡、横山乡，西南接芎林乡，西北为新埔镇，北为桃园县龙潭乡，东临桃园县复兴乡，为新竹县面积最大的平地乡镇。因幅员辽阔，气候温和宜人，素有"长寿之乡"的美誉，并因特殊环境，被核定为平地先住民地区，境内有先住民、闽、客等族群，为多元族群融合的地区	新埔镇位于店子湖台地南侧，山多平原少，地理上被自东而来的凤山溪和自东北方向汇流的霄里溪所贯穿，镇上主要的聚落沿着溪谷的河阶地往东西两侧发展，在狭小的冲积平原聚集而成
景观生态	1. 马武督探索森林 2. 石牛坑森林景观休闲区 3. 金勇休闲农场 4. 台湾红茶公司 5. 东安古桥	1. 九芎湖休闲农业区 2. 照门休闲农业区 3. 巨埔步道 4. 清水古道 5. 箭竹窝步道 6. 犁头山步道
产业	茶、仙草、关西西红柿、香菇	1. 产业：柿饼、柑橘、水梨 2. 境内有照门休闲农业区，大坪休闲农业区为照门休闲农业区的再生计划
政策	1. 古迹宗祠客家聚落为政策扶植重点 2. 关西亚维侬艺术节为政策扶植重点 3. 关西仙草为新兴地方特色产业，亦为政策扶植重点	1. 义民祭为客庄十二大节庆之一，为政策鼓励重点 2. 新埔柿饼节亦为政策扶植重点 3. 柿饼成为地方特色产业，亦为政策扶植重点

（二）关西与新埔地区内外部环境（SWOT）分析

具体分析见表3、表4。

表3　关西地区 SWOT 分析

优势（S）	劣势（W）
1. 保有客家开垦之古迹 2. 亚维侬文化艺术节的推动 3. 客家美食丰富 4. 客家聚落保存良好 5. 仙草质量良好	1. 人力资源薄弱 2. 地方意见存在分歧，整合不易 3. 市中心区域太小 4. 公共设施缺乏 5. 大众运输缺乏
机会（O） 1. 邻近科学园区，旅游观光市场庞大，具有潜力 2. 开放大陆游客观光自由行 3. 茶文化产业渐成政府重点发展产业	威胁（T） 1. 邻近其他景点的竞争 2. 过度开发造成小镇古朴气氛丧失

表4　新埔地区 SWOT 分析

优势（S）	劣势（W）
1. 保有丰富的客家生态景观 2. 特殊环境造就柿子质量佳，新埔柿饼节打响知名度 3. 客庄十二大节庆的推动 4. 客家聚落保存良好	劣势（W） 1. 人力资源薄弱，产业转型升级不易 2. 公共设施缺乏
机会（O） 1. 邻近科学园区，旅游观光市场庞大，具有潜力 2. 开放大陆游客观光自由行 3. 茶文化产业渐成政府重点发展产业	威胁（T） 1. 邻近其他景点的竞争 2. 过度开发造成小镇古朴气氛丧失 3. 大量游客造成旅游质量下降

（三）三大潜力点 SWOT 分析：以客家义民祭、新埔柿饼节、关西亚维侬文化艺术节为例

1. 客庄十二大节庆——客家义民祭潜力点

表 5　客庄十二大节庆——客家义民祭潜力点分析

潜力点名称	客庄十二大节庆——客家义民祭	
地区乡镇	新埔	
现况调查		
位置范围	新埔枋寮的褒忠义民庙是台湾首屈一指的义民庙，也是竹堑地区客家人的信仰中心。林爽文事件时，地方士绅有感于保家卫乡的义军先烈，尸骨遗骸散落各地有失尊严，于是遍寻义军遗骸，原准备归葬于湖口、大窝口，但牛车经过凤山溪时，牛只竟再也不肯前进，经焚香祷告后，掷筊取决，将义军忠骸合葬于现在义民庙后的大冢。这就是枋寮"义民冢"的由来，义民爷也成为台湾客家人独特的信仰 为了纪念这些阵亡的义民，清高宗（乾隆）赐颁御题"褒忠"，因而亦名"褒忠亭"。结合义民庙及轮值祭典区共同举办一连串盛大祭典活动，全台 41 间义民分庙回本庙敬拜、15 联庄义民爷绕境活动、挑担奉饭等，轮值祭典区的迎驾方式将完全遵照古礼进行，借此让即将失传的习俗能够重现在信众面前	
特色说明	具文化代表性、重要性和独特性	
SWOT 分析		
优势（S） 1. 文化内涵深厚，具有"文化搭台，经济唱戏"的潜力，可发展成为客家文化宗教节庆观光活动，有效吸引人潮 2. 全台分庙众多，小区动员力量强，信众多，网络强 3. 宗祠与古迹聚落数量多，保存完整，相互串联后，具独特性	劣势（W） 1. 纯粹文化宗教信仰转化成为观光节庆面临诸多困难 2. 目前仍定位为文化宗教节庆，观光网络与产业化仍较弱	
机会（O） 入选客庄十二大节庆，政策鼓励与扶持	威胁（T） 其他各式节庆的竞争	

（续上表）

潜力点评估		
文化资产价值	审美价值（建筑学、历史、教育、社会、科学价值）	枋寮褒忠义民庙承载了居民的文化认同与集体记忆，本身具有深厚的文化与社会价值，同其他客家文化内涵、元素或资源相比，义民爷和义民信仰具有绝对的文化和社会的重要性
	稀有性（当地、区域或全台湾）	为台湾独有的客家宗教信仰，纵观全球客家文化的发展脉络，台湾义民信仰为最独特且稀少。新竹枋寮的义民庙又是全台各地分庙的本庙，其重要性不言而喻
	代表性（当地、区域或全台湾）	为全台湾客家义民信仰的最佳代表
	利害关系人持续性参与及咨询可能性	全台41间义民分庙回本庙敬拜、15联庄义民爷绕境活动及台北市政府客家事务委员会和新北市政府客家事务局的推动，人们踊跃参与和投入，大家对义民爷有极为虔诚的信仰
	高游客量对当地的冲击： 1. 资产脆弱性/构造冲击 2. 小区生活文化与传统冲击	举办客庄十二大节庆的目标之一就是发展具客家特色的文化观光产业节庆活动，带动区域和文化产业发展。但此种产业化的思维仍非主流，文化观光产业化的推动仍处于初期，主要还是以文化宗教节庆为主，所以这方面的冲击仍有待观察。若要发展成为知名文化观光节庆活动，则需要审慎规划因应对策
市场吸引力指标	气氛与背景	浓厚的文化宗教信仰，观光氛围与背景故事有待润饰与联结
	于当地以外的知名度	客家文化知名度为全台第一，但仅限于文化和社会价值。就文化观光的知名度而言，仍不若全台湾知名景点的九份、阿里山、日月潭、垦丁、花东纵谷等
	全台级之代表性与知名度	全台最具知名度的客家义民信仰中心，但仅限于文化和社会价值。此种价值尚未转化成为文化观光的吸引力
	故事素材	具丰富的文化底蕴和历史脉络，确实是"文化搭台，经济唱戏"的好素材。可以发展影视、音乐、戏曲，甚至是动漫等文化载体

（续上表）

市场吸引力指标	有别于附近其他景点的某种特点	具特殊性的文化与宗教信仰，具文化观光的特点
	具有某种需求或用途（朝圣、节庆、运动）	义民爷信众遍布全台，全台41间义民分庙回本庙敬拜、15联庄义民爷绕境活动，每年的义民祭就是一种朝圣和节庆活动
	补充区域	全台分布有41间义民分庙，整个台湾都是义民文化观光活动的景点。与之相关的历史事件和社会发展历程（六堆团练）与发生地点等，都是文化观光最佳的景点与卖点
	区域内的观光活动	周边有相关的热门观光活动，若能有效联结，潜力无穷
	文化遗产资质或潜力	具有历史文化遗产价值，可将全台所有义民庙联结成为客家文化遗产，向联合国申请列入世界文化遗产
	政策支持	政府的大力推动

2. 新埔柿饼节潜力点

表6　新埔柿饼节潜力点分析

潜力点名称	新埔柿饼节
地区乡镇	新埔
现况调查	
位置范围	在产业发展上，新埔镇一级产业以农业为主，目前仍有将近七成的农业人口，耕地面积占全镇面积的六成。现今农产品以稻米、茶叶、柑橘、水梨、柿、草莓、莲藕、蔬菜为大宗。新埔向来以生产水梨和柿子闻名，新埔镇新埔梨生产面积约400公顷，分布于南平、北平、旱坑、照门、九芎湖、箭竹窝等地，以新埔梨为主，后引进寄接梨技术，品种有幸水、丰水、新兴、4029蜜雪梨、黄金梨等。新埔镇得天独厚的丘陵地形，配合干燥少雨的气候以及每年9月至12月的九降风，自然的地理及气候条件，满足柿饼制作过程中需要的暴晒、干燥及脱水等条件，因此新埔镇所生产的柿饼特别美味，远近驰名。农业是新埔镇最为重要的产业（资料来源：新埔镇公所）

（续上表）

特色说明	新埔地区除了古迹及美食小吃外，农产品亦为其主打商品，柿饼为其特色农产品之一，柿饼的制作需依靠大量的人力支持，古老的制作技术更是柿饼好吃的主要秘诀

<table>
<tr><td colspan="2" align="center">SWOT 分析</td></tr>
<tr>
<td>优势（S）
1. 负责人具信念与活动力
2. 所在地风景优美
3. 举办活动经验多
4. 场域适合艺术展演，有本地艺术家资源</td>
<td>劣势（W）
1. 非都会区，艺术人口较少
2. 展演空间软硬件不足，发展纵深受限</td>
</tr>
<tr>
<td>机会（O）
通过艺术驻村行动把居民生活和艺术思考相互联结，可以和当地文化交织出更深层的火花，将低阶的生产产业转变为高阶的文化产业。而艺术家对环境的重视也可避免乡村过度开发，让乡村可以永续发展，不失为发展地方文创的好方式</td>
<td>威胁（T）
1. 其他观光景点的竞争与取代
2. 农村人口高龄化，年轻人口外流
3. 经验传承不易，需要长时间学习</td>
</tr>
</table>

<table>
<tr><td colspan="3" align="center">潜力点评估</td></tr>
<tr>
<td rowspan="3">文化资产价值</td>
<td>审美价值（建筑学、历史、教育、社会、科学价值）</td>
<td>每到秋枫时节，橙黄色的柿子大量上到棚架上，每年都是摄影的焦点，来自各地的摄影爱好者，最期待的都是柿饼制作的时节，吸引了大量的游客造访
柿饼是新埔重要的经济作物，具有重要的文化与社会价值</td>
</tr>
<tr>
<td>稀有性（当地、区域或全台湾）</td>
<td>由于柿饼的制作需要大量的工时与人力，以及独到的技术和经验，故以稀有性而言，质量精良的柿饼制品，也唯有到新埔镇才可以品尝得到</td>
</tr>
<tr>
<td>代表性（当地、区域或全台湾）</td>
<td>在全台湾具有知名度，相较其他农产品有无法取代的魅力</td>
</tr>
</table>

（续上表）

文化资产价值	利害关系人持续性参与及咨询可能性	由于柿饼的风味特殊，晒柿饼的景象每年都能吸引不少游客造访，多年来维持着固定的游客量，要提升旅游质量、创造新的附加价值，仍需要与其他的活动多方结合，方可提升整体产业价值
	高游客量对当地的冲击：1. 资产脆弱性/构造冲击 2. 小区生活文化与传统冲击	目前所拥有之游客数量虽属小众形态，冲击不大，但结合其他活动整体来看，对环境的破坏亦是有的，如农村适度规划旅游，走轻质路线，在有效管理的情况下，可尽量减少对当地生活与资产的破坏
市场吸引力指标	气氛与背景	秋枫时节晒着的橙黄的柿子，整体看上去仍令人惊艳，制作柿饼的过程具有浓厚的文化传承意味
	于当地以外的知名度	中
	全台级之代表性与知名度	无
	故事素材	文化经验的传承，是柿饼制作最吸引人的地方，唯有用心体会才能感受到其中浓厚的人情味，极具故事发展力
	有别于附近其他景点的某种特点	很难在台湾看到大面积晒柿饼的地方，仅在新埔镇旱坑里有如此令人惊艳的情景，故想要体验柿饼制作的过程，也只有到新埔才能体会得到
	具有某种需求或用途（朝圣、节庆、运动）	可举办艺术节庆：全台仅剩新埔镇可以见到此类晒柿饼活动，可通过此一制作过程举办更为盛大的节庆活动
	补充区域	全台仅存的晒柿饼文化，经验传承需要永续规划经营
	区域内的观光活动	水梨节及中元祭，也吸引不少游客，可在相互结合中激荡出不同的火花
	文化遗产资质或潜力	新埔老街、新埔水梨
	政策支持	数字典藏计划、农村再造计划、十大观光小城计划，都对观光农业有所支持

3. 关西亚维侬文化艺术节

表7 关西亚维侬文化艺术节

潜力点名称	关西亚维侬文化艺术节	
地区乡镇	关西	
现况调查		
位置范围		
特色说明	文化地景的环境剧场，结合当地文化与小区居民的参与，具创新与小区营造价值	
SWOT 分析		
优势（S） 1. 结合关西镇文化古迹聚落群，以剧场展演的方式呈现 2. 以小区环境和居民为主体的由下往上的运作模式，小区认同与接受度高	劣势（W） 1. 属创新性文化艺术活动，剧本创作与演出团队有待磨合与稳定，知名度和永续性有待观察 2. 文化观光网络尚未建立，产业效益仍不明显 3. 非都会区，艺术人口较少 4. 展演空间软硬件不足，发展纵深受限	
机会（O） 1. 政府政策扶持与鼓励 2. 大陆游客自由行，民众休闲观光游憩之需求日增，增添观光市场潜力	威胁（T） 其他剧场与观光景点的竞争	
潜力点评估		
文化资产价值	审美价值（建筑学、历史、教育、社会、科学价值）	具文化艺术展演美学价值；融入当地古迹文化空间场地，具建筑美学价值；由当地居民共同参与演出，具社会文化价值
	稀有性（当地、区域或全台湾）	以整个关西镇为空间场域的环境剧场，在新竹地区较稀缺。在全台湾，淡水有反西仔，阿里山有邹族剧场文化祭，整体而言，若能发展出自己的当地文化特色，将能营造稀有性

（续上表）

文化资产价值	代表性（当地、区域或全台湾）	目前属展演初期，是否能成为当地的代表性剧场，成为当地居民认同和观光客期待的文化观光产业仍有待观察
	利害关系人持续性参与及咨询可能性	政策支持，居民踊跃参加，有良好的开始
	高游客量对当地的冲击： 1. 资产脆弱性/构造冲击 2. 小区生活文化与传统冲击	目前仍未走向文化观光化，游客的冲击尚不明显，以现有古迹为展演场域，对相关古迹的冲击将随着规模的扩大与知名度的提高越来越大，须有长远的思考与因应之道
市场吸引力指标	气氛与背景	目前属展演初期，文化观光吸引力仍未发展
	于当地以外的知名度	弱
	全台级之代表性与知名度	弱
	故事素材	尚可
	有别于附近其他景点的某种特点	环境剧场的操作难度高，若剧本具吸引力且演员能定期培训，假以时日定能创造当地特色
	具有某种需求或用途（朝圣、节庆、运动）	文化艺术节庆的展演内涵，在目前文化观光发展中有很大的需求
	补充区域	以将全关西作为生态博物馆的概念来为整体性的文化旅游与产业发展提供方向
	区域内的观光活动	以生态博物馆为概念，必须串联周边景点，达到文化观光时吃喝买逛看的需求，以此为平台，结合游程与文创产品开发来整体发展，软硬件结合
	文化遗产资质与潜力	结合古迹地景和文化场域，有效宣传与推销当地的文化遗产价值
	政策支持	政策鼓励

五、具体发展策略

根据以上潜力点分析，关西、新埔生活圈拥有新埔义民祭、关西仙草节、新埔柿饼节、关西亚维侬文化艺术节、宗祠家庙等节庆活动与古迹，正是发展节庆文化观光的重要基础。按"文化搭台，经济唱戏"的发展原则，从前面所提到文献的探讨分析和后续的三场焦点团体座谈会就可以发现，在多数的文献与讨论中，与会者都不约而同地提到义民祭、关西仙草（节）、新埔柿饼（节）为这个生活圈的主要文化元素与具差异化的焦点。从全台的竞争角度来说，这些元素是关西、新埔生活圈最具知名度和辨识度的，同时也是当地的文化特色焦点，具有文化差异化、代表性和独特性，更是多数小区居民的产业根基所在。因此以"节庆观光之城"为此生活圈的主轴与核心焦点，从向外辐射出去的产业面的发展，可看出节庆古迹文化元素如何让"经济唱戏"，即在"节庆观光之城"的上位概念下，深化其文化概念与文化内涵，并串联整体生活圈内产业的发展。除了典型的仙草和柿饼经营者贩卖的仙草、柿饼等农产品外，也可以研发类似日本的和果子等特色商品，更可以与餐饮业结合开发仙草和柿饼套餐，现在已经有仙草鸡汤和柿饼鸡汤的餐饮。也可在仙草与柿饼种植园区提供体验性的文化观光旅游，也可开发农园民宿，甚至制作仙草茶配套茶具，当代许多的陶艺家所制作的陶瓷器，都可在饮用仙草茶时结合使用。配合节庆表演活动和古迹，可以结合表演艺术类的客家文化戏曲和仙草茶席表演，当然也可以软硬件互相结合（如台红等地方文化馆），通过节庆古迹文化的创意转化来展示当地节庆古迹文化，活化地方文化馆等。当然，定位在"节庆观光之城"，更是在延续客庄十二大节庆、新埔镇农会的新埔柿饼节和关西镇公所的关西仙草节的政策脉络并累积政策的效益。

新埔的义民庙是客家信仰的中心，每年的义民祭更是客家重要节庆，已列入客庄十二大节庆的行列，它与众多历史深远的宗祠家庙和古迹，深具客家文化宗教传统，极富文化观光价值。原有举办多年的新埔柿饼节和关西仙草节，及关西亚维侬文化艺术节，关西、新埔文化生活圈已充满浓浓的节庆之城氛围。原有著名的柿饼、仙草和粄条等客家文化产业，更能以节庆观光的人潮来带动这些产业的发展。整体战略的规划思考，应以义民祭节庆为中心，串联新埔柿饼节、关西仙草节来加长祭典时间，丰富周边的深度文化旅游活动及客家文创商品的销售，此为本区之重要文化创意产业区域定位。在节庆期间，加大力度营销相关产业与公共文化资产，以"节庆观光之城"作为关西新埔文化生活圈的文创亮点和产业推动方向，满足了以上数项发展原则。

客家非物质文化遗产保护与利用
——以倡议美浓自然公园为例

洪馨兰①

一、绪论

美浓人倡议美浓自然公园，应视为当地长期促进黄蝶翠谷生态复育工作之延续。自 20 世纪 90 年代中开始积极投入黄蝶翠谷保存与保育工作的美浓当地社团，在台江自然公园、寿山自然公园成功设置筹备处后，美浓当地也在 2011 年 9 月份组成"美浓自然公园推动委员会"，主张筹设一个较之传统"公园"经营治理方法更"进步"的物质与非物质文化遗产载体——美浓自然公园。

美浓人倡议中的美浓自然公园，规划的主要管制保护区为美浓黄蝶翠谷——由月光山系与茶顶山系交夹形成的喇叭口状溪谷，20 世纪初曾被初步规划为水坝预定地。20 世纪 90 年代曾正式成为水资源局规划下的美浓水坝预定地，但由于其地质不佳，又有地震带通过，居民疑虑始终不除，故而进入无限期搁置的状态。超过半数的居民由于期待美浓水坝一案永不再提出，因此主张设置美浓自然公园，希望以此来彻底终结美浓水坝计划。

美浓黄蝶翠谷由于是由上述两大山系衔接构成，18 世纪上半叶至此开垦建村的客家人（主要为嘉应州裔）在两大山系与溪谷冲积扇延伸出来的平原（位于美浓黄蝶翠谷的西南方向）上，建造了 15 大庄、30 小庄。20

---

① 洪馨兰，台湾高雄师范大学客家文化研究所助理教授。

世纪在美浓黄蝶翠谷浅山开垦农园的钟理和，以其丰沛且充满对农民怜悯的笔触，写下了"行上行下，毋当美浓山下"的诗句，将这块由两山系环抱的客家聚落群的家园昵称为"美浓山下"，正式书写于文书之中。20世纪90年代，负笈在外的美浓旅外大学生林生祥，在校园歌曲创作比赛中以《美浓山下》再次传达了一种"乡愁"的存在。自此，"美浓山"这个在地图上并不存在的山系名称，以一种"文化地理"或"乡愁地景"的姿态，同时具备物质文化遗产（山系自然资源）与非物质文化遗产（客家浅山生活文化）特质，被美浓人提报申请"美浓自然公园"。

然而，笔者观察"美浓自然公园推动委员会"在最初两年所进行的实际工作，大多以对美浓山两山系与黄蝶翠谷之植物相、动物相之调查研究为主，在文化方面也仅集中于钟理和在其农场生活中对浅山生活的孺慕与记录。作为一名文化人类学工作者，笔者2014年在"客家委员会"专题项目支持之下，针对"美浓山"的非物质文化遗产（即浅山客家生活文化与美浓客家特色文化）进行深入调研，提出几项重点资产保护目标，亦指出作为"自然公园"此一较之"公园"更强调保护（保育）"人地活动"的保护机构，美浓山（美浓自然公园）应介入保护的原因，不在于其自然资源之稀有，而在于其文化面向之独特。值此客家文化在台湾快速"现代化"与"全球化"的趋势冲击下正急速消失之际，设置美浓自然公园，对于保存台湾客家族群的重要生活城镇来说，具有实质与象征上的意义。

二、美浓山：信仰与神话的交融

（一）月光山系：美浓人的神圣空间

月光山系是客家人入垦美浓平原时，向北遥望的神圣之山。地理堪舆师指出，这个山系因山形起伏，山麓形成一个又一个的"窝"形，棱线像是置放毛笔的"笔架"，因此月光山系又被称为"笔架山"。清乾隆元年（1736）建庄的"弥浓庄"，就是以此笔架山为北方的靠山。弥浓庄未设之前，月光山系中的灵山似乎已经出现了客家人开垦的标记"土地伯公"。虽然据古迹学者考证，从现今的建筑物与植树年代来看，美浓最早的"开基伯公"可能不会超过清咸丰年间，然而民间流传的《弥浓（庄）开基碑文》记载，弥浓庄乃"大清皇运乾隆元年仲秋吉旦右堆统领林桂山、丰山等同立"，碑文在1985年由"大总理吴秋兴暨列美浓镇全镇民同建"重刻立于伯公坛一旁。① 碑文共 195 字，记录着一个故事，其上半段的意思是：美浓人的祖先原为广东嘉应州籍，迁居武洛庄后，在右营统领林桂山、林丰山兄弟的带领下，领着朝廷赐奉的褒忠之誉，来到美浓山下开垦。上半段指出了最早来到山脚下的客家，是从武洛北上原籍嘉应州的各姓氏"义民"。接着细读下半段后会发现，该文告实为伯公建坛竣工后的谢天祭文："……今晨吉期，开基福神、新坛甫竣，我等同心诚意，祭告山川，垦祈上苍，佑此土可大亦因可久，将奕世于弥浓。"换句话说，文告宣读于开基福德正神（即土地伯公）新坛竣工祈福之时，因此原应是一篇祭文，笔者认为未来地方文史记载或可还原此文之名称为《弥浓开基伯公建坛竣工祈福祭文》。弥浓开基伯公是美浓山最具"象征意义"的土地神坛。而两个世纪以前林氏兄弟在乾隆年间宣读《弥浓开基伯公建坛竣工祈福祭文》的地方，就在美浓山下。

月光山系山麓地带，到处都有着美浓人的信仰表征。除了鸾堂信仰广善堂，还有象征地界的土地伯公；而在敬天畏地之外，竹头背段是安葬先人的佳地。从灵山脚下出发，往东第一个遇到的土地伯公就是弥浓开基伯公；而村子内外其实有着许多其他的土地伯公，但其重要性都在开基伯公之下。开基伯公后方是灵山。灵山二百米高的半山腰处，在清光绪年间建立了一座主祀释迦牟尼佛的雷音寺。现在的灵山已是村民与游客休闲爬山的去处，林相适合野生台湾猕猴生长，偶见猕猴抢夺游客食物之景象。再向东行去，就是美浓镇四大善堂之首的广善堂，巍峨矗立于网形山下，主祀三恩主（关圣帝君、孚佑帝君、司命真君）暨玉皇大帝，完竣于 1918 年，是山下一带最主要的地区神明，附近村民举行敬外祖时，都会到此敬拜。再沿着山往下，主祀观音菩萨的西竹寺因设置灵骨塔，在每年挂纸（扫墓）时节，拎着或荤或斋的祭品的亡者亲人，络绎不绝地上山祭拜亲人。

美浓人心目中的"主山"，就是西竹寺背倚的双峰山。双峰山为广义美浓山中最易辨识的山，而且因为它的山形像一座笔架，被美浓人认为是耕读传家的象征，它在地理上亦是一个具有风水意义的龙脉宝地，因此弥浓庄在清代后期兴建的伙房中轴线都对着双峰山。

① 这里的"大总理"与六堆无关，虽然六堆之最高领袖也叫作大总理，但六堆组织实已于日据时期解散，这里的"大总理"乃是广善堂在1985 年"庆祝弥浓开庄250 周年暨广善堂创立 71 周年"进行"建大福醮"，吴秋斗担任了"福醮大总理"一职。且内文是"暨列美浓镇全镇民同建"，由此可从弥浓开基伯公之新刻碑文看到，当时由广善堂福醮大总理带领全美浓镇民一同新刻这份碑文，表示了广善堂与此伯公坛之间的位阶关系，以及伯公坛之于美浓（全镇）之开基地位。

（二）茶顶山系：美浓人的神话空间

茶顶山系是美浓山的神话之源。这个山系有着丰富的地貌与地形，而山脚下的龙肚庄，更是充满着地灵人杰的传说故事。

相对于月光山系，茶顶山系何以出现这样的民俗氛围？笔者认为，一方面与茶顶山系山麓区之自然地理特色密不可分，另一方面，或与山麓底下龙肚庄孕育出的充满诠释力与想象力的读书士绅息息相关。龙肚地区的自然地理大致如下：美浓平原主要河流"双溪"从东北端出山麓处的南侧，有一列南北向的小山丘（即当地人口中的龙山，又称蛇山、横山），与东侧茶顶山系中的"狮形山"之间夹有一个南北狭长的谷地，根据地理学者考据，昔日尚无人居住时，南方苓浓溪在"龟山"附近泛滥，水漫入谷地后又堰塞住了谷地的南方出口，形成湖盆地形（堰塞湖），之后湖水渐渐干涸，形成今日之龙肚平原。此区域自然地理变化多元，既有丘陵顶上的辽阔视野，亦有盆地氤氲的潮湿水气，自清以降，龙肚地区读书风气甚盛，人才辈出，留下许多咏赞山色水景之诗词。

"龙龟对话"之地形传说是茶顶山系最为脍炙人口的故事。湖水究竟如何退出龙肚盆地，因为缺乏目击证人与地表直接证据，为传说的出现提供了时空条件。地理学者认为湖水乃"慢慢干涸"，然而龙肚居民口述版本，明显与上述"干涸说"有所差异，大部分人接受"崩塌说"。87岁的龙肚耆老钟沐卿，举证历历地指出曾在日据时期编纂的大事年表中看到关于龙肚湖水乃一夕流失的记载。

因为认定"崩塌说"，才让"龙龟对话"传说有可依附的信史，更加令人传诵。"龙龟对话"内容大要是：皇帝听说台岛龙肚地区未来将出现天子，特别指派官员前来探查，官员指派兵卒深入村庄了解状况，或开始掘开龙山以破坏当地龙脉。每挖一日，隔天土方又会恢复原状，官兵们既是讶异惊恐又生怕无法交差。一日疲惫之余，官兵在挖掘处抱着锄器打瞌睡，就在半梦半醒间竟听见龙山与龟山正聊着，聊到彼此最怕的东西，官兵一觉醒来似信犹疑，依梦中所言，将龙山害怕的金属物件埋入，没想到翌日龙山随即崩塌一处且不再复原，龙肚能出帝王的好风水就这样被破坏了。[1] 而这个崩塌处就是今天名为"龙阙"（阙即"缺"之意）之处。

分析传说文本，茶顶山系底下的"龙龟对话"传说，其"京官特地来台败地理"似乎扮演着激起认同的功能。作为一个传说，"龙龟对话"其

---

[1] 关于龙龟对话之传说，亦可参阅洪馨兰等：《民众参与式村史种籽村计划：大家来写龙肚庄志》，南投："文建会"中部办公室，1999年。

实有许多版本，一说是京官，一说是乞丐，但基本上"败地理"的基调都是一样的。传说背后是一种神话结构，包括巫术、具有人格的山、"偷听"（无意间听到、巧遇的机缘代表的是一种命中注定）等，但通过这种"败地理"的说法，龙肚居民（及其后裔）成为另一个传说（龙肚将出天子）的"代罪羊"——即龙肚被破坏了地理，其子孙断了当天子的命——此说提升了当地居民的自我意识（原来我们这里会出天子），一方面也为某种历史的可能性预先做自我疗愈（龙肚的好地理早就被"别人"破坏了）。①

这样一个充满传说与神话的山系，放在美浓山人地关系中，我们看到的是深深镶嵌于当地人认知中的地理风水概念。地理风水不仅仅如上节提及之民俗信仰与祖先崇拜层面，"人"（社群）之自我认同也可以建构在对"地"（地理、地形、地貌）的传说创造上，地与人之间的命运于是乎唇齿相依，相互建构彼此的命运。

三、美浓山作为族群界限

（一）美浓山所区隔出来的"内"与"外"

月光山系与茶顶山系所代表的美浓山，并不只是对弥浓庄或龙肚庄等山脚下的村庄产生对话与意义，作为屏东平原的最北界，美浓山同时也是清代"六堆"的最北界，也是"右堆"的北方之山。

对美浓人的界限在不同的语境下有不同的界定。最早美浓人可能只是乾隆时期居住在美浓山南麓沿美浓河建庄的十五姓氏及其子裔（即弥浓庄）。在林氏兄弟以右堆大统领身份带着各姓氏武丁越过荖浓溪北上之后，随着人数越来越多，设立的村庄亦越来越密集，右堆的统御中心很快地从武洛移转到美浓人手上。

右堆位于六堆之最北端，而美浓山即是六堆与南岛屿族、闽庄的北缘，再往北就是台湾先住民族的传统领地，日据时期还有南迁北客群的脑寮聚落（位于今之甲仙、杉林、六龟交界处）。这个边界既是一个区别的界限，也是一个六堆客家人与"他者"文化会遇（cultural encounter）的地方。族群会遇时，会在文化上因接触而产生相互影响，历史学者认为这在美浓是一个可被辨认的文化表征。例如清代以降女性普遍喜食槟榔（当代年长女性亦保有此习），被认为是受平埔女性嗜食槟榔的影响。

---

① 关于"败地理"的分析，详见林欣育：《土地与认同：美浓地区客家拓垦传说之研究》，台湾清华大学硕士学位论文，2006 年（未出版）。本段意见亦有部分是笔者的延伸意见，不代表林欣育的看法。

该地区西部的美浓人和来自罗汉门（今高雄内门）方向的闽方言群，关系长期处于紧张状态，美浓人称他们为"诺背人"（外面人）或"学老人"（福佬人），为方便阅读，本文以下将以较通用的"福佬人"指称该群闽籍后裔。美浓人与福佬人彼此语言不通，常有相互误解滋扰之事。其中，位于过沟（今美浓镇仑仔顶附近，为一条山沟，是美浓镇与旗山镇的交界）东侧的牛埔庄（原为一个水草丰美的放牛野牧之处），即有过几场激烈的乡民战争。① 据《美浓镇志》，弥浓开庄的128年后，牛埔庄在同治三年（1864）也成为完全的客庄。至今，庄内街上的民居还可见闽式屋顶形制的合院建筑。

在弥浓建庄的160年后，日本殖民统治者开始切断六堆的筋络，并将川水视为公共资源，水权从乡民共管转而为政府控管。龟山（1904）与土库（1935）驳棚的兴建，隔开了龙肚与高树、美浓与武洛。竹门水电厂（1908）在龙肚东南方运作，引用荖浓溪（旧称下淡水溪的上游一段）之水进行发电，之后利用余水在美浓全局兴建狮子头大圳作为农业灌溉。台湾总督府殖产局规划建立的日资南隆农场（1910），招募北台湾善于开辟石砾地的客籍佃农。南隆农场的北缘紧贴原美浓区域南侧，于是这个平原上出现了"台北客"，而相对地，原居于弥浓庄、龙肚庄、竹头角庄、中坛庄等的"美浓人"，就是"本地客"。

日据时期的街庄交通建设，完全改变了美浓人既有的村里互动网络，重划的村道系统，一方面切割了旧有的生活路径与村落核心边陲，另一方面也使得美浓境内原本在文化地理中独立的村落单位，反倒在时空上出现有紧密认同的重建。美浓内部地理上的界限重新调整，与"下庄客"的隔离却让美浓人更加自我内聚，对于"家园"的感觉相当强烈。走到哪里都不会忘记"美浓人"这个身份，远到地球另外一端的阿根廷，近至邻镇旗山，只要一出美浓山下这个小小的范围，美浓人就会想要找到同乡。

美浓山被视为家园与乡愁的象征。作为社会人与文化人，美浓客家社会里的人际差序格局以及社群发展有着相当的独特性，其不仅建构出相当活跃的前资本主义社会形态，而且也在美浓山环绕以及荖浓溪隔绝的情形下，使得"美浓山下"变成一个相对封闭的地理文化孤岛，让美浓山下的居民发展出相对六堆而言有自己特色的"美浓腔/美浓惯用词汇"以及美浓文化。

---

① 清朝时期民间社会崇尚习武，盛行分类械斗。在美浓人与福佬人生存区域的交界处，除了"过沟"之外，见证分类械斗的地方史迹还包括位于今天小地名旗尾的"旗尾义民庙"及后方的"义冢"、成立于清光绪年间的"旗山义勇祠"等。

（二）作为平原客家六堆之象征北界

美浓山同时也是一个"自己人"与"他者"的认知空间。美浓位于原住民与汉人交界之处，客家人从荖浓溪南岸渡河北上寻求新垦地时，实际上需穿过原属平埔属地的溪埔北岸非常大的一块荒埔地，一路走到"底"，见前方丘陵横亘（月光山系）才停下来。处在福佬庄与平埔部落包围下，美浓山不仅是汉与非汉之边界，同时也是客家人与非客的边界。这个边界即便在六堆组织瓦解之后，仍存在于居民的意识之中。例如，在月光山系西侧尾端的"旗尾山"，就是这样的一个边界。旗尾在日据时期设有糖厂，形同日本人介于客庄与闽庄之间，颇有缓冲意味，加上台湾总督府严禁台岛乡民聚众练拳、寻仇斗殴，大型械斗在美浓与"他者"之间的边界便不再发生。然而，许多口述历史表明，即便到了国民政府时期，一旦禁武令不再执行，至少在美浓的中坛庄，因延聘了来自里港武洛（今屏东里港下茄苳境内）的拳师而又再次掀起练拳之风。练了拳不免血气方刚，刻意至旗尾闽庄或旗山街上挑衅比拳之事，或有所闻。

美浓山既然是六堆之北界，自然有许多六堆较特殊之民情风俗，在美浓山两侧的浅山聚落（含美浓、杉林近美浓一部分、六龟近美浓一部分）就是其文化特征之北界。例如，一种具"中轴线"表征的堂号匾刻顺序。举张氏祖堂（当地称"张屋伙房厅下"）为例，六堆人在祖堂门楣上方悬挂依左（尊）至右（卑）但有中间最尊概念思维的"河堂清"写法，与绝大多数（包括大陆原乡客家住地）所见堂号依左（尊）至右（卑）无中轴概念的"堂河清"写法，实有明显不同。目前并无专著研究这种差异风俗的来由，但笔者观察到，六堆祖堂门楣上此类堂号写法，与祖堂内祖先大牌写于最高位之堂号写法，具有相同的意指实践（signifying practices），其背后究竟是否将祖堂之内（祖先牌位）外（堂号牌匾）视为承载同样文化表征（cultural representation）之物，或是来自于某种带有功能意义的文化设计？笔者在田野现场的参与观察，居民意见似乎较多倾向后者。居民认为除了美浓有美浓山这样的自然边界与"他者"区隔，事实上在屏东平原上的大多数客庄和邻近的非客住庄之间，平时并没有明显的边界。相传将"堂"字写于中间的方式，反映的是在漫长的闽客械斗过程中由客庄所"创发"的一种识别表征，目的在让外村来访者在相似度甚高的村落群中，迅速获得辨别的信息，以免因无意间陷入（落入）具敌意的他群聚落中，遭池鱼之殃或被认定为故意寻衅的非善类。

也就是说，上述"堂"字摆中间的堂号牌匾写法，亦是以美浓山两侧山麓聚落群为其文化北界。笔者认为这说明了某种事实：屏东平原六堆地区客闽间的界限实际上因其模糊与不易区辨，所以更需要用差异较大的、日常且恒存的实物象征，来完成地理、空间（包括心理空间）的区别。过去资料曾指出，早期因日常经济生活或共享通衢河运，务农的客庄仍需与从商的闽庄人打交道，互动频繁，冲突难免，不同族类于是聚党纠集，让"客闽情结"从清代以降不断激化对立。笔者认为，正因为创发了迅速辨别的识别设计（门楣堂号排写结构），六堆客庄聚落群便展演出识别程度较高的疆域感。往后通过不同地图的空间"建构"，六堆从"人群组织"的概念变成有空间界限的"区域"概念。美浓山即是这个与台湾北部客家聚落有着相当不同之历史心性的六堆的北界。

除了是祖堂正门堂号牌匾特色的北界，美浓山两侧山麓聚落群还是六堆特殊婚俗"敬外祖"的北界。台湾"中央研究院"的李亦园曾提到："一种社会制度或文化因素的存因，一方面有其'发生之因'，另一方面也经常有其'持续之因'，发生之因有时不需要，有持续之因即可使制度存在，但是发生之因如再有持续之因的支持，则其制度存在于社会中，将更强固持久而有重要社会意义。""敬外祖"即成年男子结婚前一天，在彩旗与八音乐队的引导下，由父系宗族长辈带领敬备牲礼，前往祖母外家（娘家）祖堂与母亲外家（娘家）祖堂敬拜，必要时也会选择去曾祖母外家（娘家）祖堂敬拜，此为敬外祖。在至外祖家前，亦会敬备多副牲礼巡回，分别向村庄神明、伯公（土地神明、福德正神）祈求平安。敬外祖结束之后，返回父系祖堂敬拜祖先（敬内祖），若准新郎成长过程中有向神明祈愿者，则在当晚庄严肃穆地举行"还神"（拜天公）后同时再完成敬内祖。这个婚俗在文献上并不清楚来源，但依人类学者的研究，目前仅存在六堆客家人社群之中，大陆客家分布地区、海外客家分布地区甚至台湾北部客家人都无此俗。因此"敬外祖"风俗一方面是"五里不同风"的例子，另一方面也代表着此地客家人通过文化制度的发明，完成了此"平原客家"独有且极具特色的内聚形态。

美浓人生活在美浓山环绕之下，20世纪初日本人于荖浓溪两岸兴建堤防，相当程度地阻隔美浓与荖浓溪南岸（今高树、里港及其他六堆地区）客籍人的相互往来，这让美浓相对保有地理与文化上的封闭状态，不仅让文化在此山间盆地出现方言岛式的发展，同时直接影响美浓人的心理结构。一旦走出美浓即感受到焦虑的心情，让外地的"美浓同乡会"一直都发展得相当活跃。除此之外，民俗活动（家族主义、客家八音、传统三献礼、敬外祖婚俗等）也都因为三面环山一面环河的地理封闭性，得到一定程度上"延迟变迁"的保存，此亦让美浓山下一些独特的民俗活动在今天仍可得见。这些都可视为"空间"在美浓人观念与意义感上的作用。

四、讨论与思考

回到"绪论"所提的问题：究竟"美浓山"的文化面向是否确实有其设立自然公园的文化及现实意义。或许回答这个问题牵涉的范围还包括"公共政策""都市规划""文化资产保存""小区自治"等议题，无法以"是""否"作为结语，因此以下即提出几点自这项研究延伸出的看法：

第一，美浓山山体本身之史迹价值。作为人类活动的遗址，美浓山山麓及浅山平原有由考古学家亲自主持勘探的农业文化遗迹，其文化层相当于新石器时代晚期之"大湖文化"。

第二，美浓山是台湾地方自治乡团组织六堆的北界，而六堆是少数平原客家地方社会之典型。六堆见证台湾客家聚落最早发展之历史，六堆乃是平原经济的客家，而非山区经济的客家，这对讨论客家移民史与当地适应策略来说，都是非常重要的历史案例。作为六堆乡团组织的最北端，这支客籍的准军队组织到了美浓山就停止，并无大规模往北扩张，形成与平埔部落、闽庄社群鼎立的局面。美浓山是一个族群的边界，同时也是文化会遇的空间。

第三，美浓山是台湾特殊客家六堆婚俗"敬外祖"的实践界域象征。由于"敬外祖"盛行于六堆客家社群，通过强化姻亲连带使六堆除了具有村落内与跨村落氏族间的同横向联盟关系，也因为二代至三代多次前往姻亲家"敬外祖"，使得姻亲联盟可具有跨世代的纵向强化。这套婚俗由于执行上须施方与受方皆知其中引导细节，加上多场敬拜仪式密集进行，跨族群通婚与长距离通婚都不利于仪式之进行，因此在此婚俗盛行的六堆，其婚姻圈更为内缩。这种对母方（姻亲）的重视，呈现出六堆客家人对母族有稍异于完全以男性为主的传统汉人社会的态度，有着逸出严格父系制度的味道。因此在此意义上，敬外祖仪式应尽快以台湾（客家）非物质文化遗产讨论之。

第四，美浓因地形阻隔使得过去非农工作机会较不易获得，但也因此使客家文化变迁获得相对较缓的特性。再以敬外祖为例，相对于六堆其他地区，美浓属"敬外祖"婚俗至今保存较好的地方。至今美浓一地仍有多场敬外祖进行，虽大多都已简化，但12月份仍有居民愿支付费用聘请八音团来引导敬外祖的进行。深究何以原盛行于六堆全境之敬外祖，目前在美浓保存较好，"地理因素的区隔"是一个重要的条件。三面环山（美浓山）与一面临水（荖浓溪），在日据初期兴筑龟山堤防后，与六堆其他客庄的关系就变得逐渐疏远，美浓于是进入一个在地理上较为封闭的状态，许多文化在当地处于一个内向化、深层化、自我演变的情形。就此观点来看，正是因为美浓山，美浓的客家文化才获得了一个较晚遭到外在因素影响的机会，而得以保存其诸多客家仪式精神与内涵。

第五，美浓山是美浓三座露天式"社官坛"（里社真官）的历史地理源头，此三座社官坛据目前所知为台湾仅有，见证了美浓早期的古地理，看到了美浓客家人早期与原乡的直接互动关系，也反映着美浓人"从社官到水官""从土地神到水神"所呈现出来的在信仰上的地方知识，此外也呈现美浓早期先民所生存之地理条件。因三面环山缓斜而下，平原中接近聚落最低洼处就有社官坛，这种地理区位的设置，是先民透过聚落布局所呈现出来的世界观。目前社官坛虽已是市定古迹，但其意义尚未被当地人真正彰显。由于其相对之独特性，未来可思索是否提高古迹保护等级，以使其获得更多的讨论与对民众发挥教育的机会。

第六，"美浓山自然公园"的初衷来自美浓反水库运动。从口述访谈中可看到最早期推动美浓反水库运动的投入者，许多提到因为有着"行上行下，毋当美浓山下"的乡愁，对他们保卫家园的活动有着情感上的催动。随着后继者的多元化，很多人虽然已不再单纯地以这种生命情怀加入这场社会与小区运动，但从另一个角度思考，若肯定反水库运动及其后续小区运动的长期贡献，那么对于在20世纪90年代初期反水库运动参与者来说具有极高重要性的乡愁地景"美浓山"，或应考虑以非物质文化遗产的角度看待之。

参考文献

[1] 王明珂：《华夏边缘：历史记忆与族群认同》，台北：允晨文化实业股份有限公司，1997年。

[2] 余舜德：《从田野经验到身体感的研究》，见余舜德主编：《体物入微：物与身体感的研究》，新竹：台湾清华大学出版社，2008年。

[3] 吴进喜：《回复"我对'美浓'地名起源的看法"》，见美浓镇志编纂委员会：《美浓镇志》，美浓：美浓镇公所，1997年。

[4] 李允斐、钟荣富、钟永丰等著，徐正光编纂：《高雄县客家社会与文化》，高雄：高雄县政府，1997年。

[5] 李亦园：《信仰与文化》，台北：巨流图书公司，1978年。

［6］李国铭：《河川族群的对唱》，见曾贵海、张正扬主编：《高屏溪的美丽与哀愁》，台北：时报文化出版事业有限公司，2001年。

［7］洪馨兰：《文化产业再现过程的拉扯焦虑：以美浓为例》，见张维安主编：《客家公共政策研讨会论文集》，台北："客家委员会"，2002年。

［8］洪馨兰：《台湾的烟业》，新北：远足文化事业股份有限公司，2004年。

［9］洪馨兰：《敬外祖与弥浓地方社会之型塑：围绕一个台湾六堆客方言群之姻亲关系所展开的民族志》，台湾清华大学博士学位论文，2011年。

［10］洪馨兰：《从耕读传家到反向迁移：一个台湾客家小镇的"替代全球化"选择》，见刘石吉等主编：《迁徙与记忆》，高雄市：台湾中山大学人文研究中心，2013年。

［11］洪馨兰等：《民众参与式村史种籽村计划：大家来写龙肚庄志》，南投："文建会"中部办公室，1999年。

［12］美浓自然公园推动委员会：《推动美浓自然公园大事纪要》，见《"2012大高雄社会论坛：自然公园与公共财治理"手册》，2012年。

［13］美浓镇志编纂委员会：《美浓镇志》，美浓：美浓镇公所，1997年。

［14］陈国强主编：《文化人类学辞典》，台北市：恩楷出版股份有限公司，2002年。

［15］费尔南·布罗代尔著，曾培耿、唐家龙译：《地中海史·第一卷》，台北：台湾商务印书馆，2002年。

［16］黄平、罗红光、许宝强主编：《当代西方社会学·人类学新辞典》，长春：吉林人民出版社，2003年。

［17］黄森松：《广兴庄的聚落形成与伙房扩散变迁》，美浓：今日美浓杂志社，2003年。

［18］刘正英：《高雄美浓中坛地区客家拳师社群之研究（1945—2012）》，台湾高雄师范大学硕士学位论文，2013年。

［19］谢继昌等：《高雄县原住民社会与文化》，高雄：高雄县，2002年。

［20］钟永丰词，林生祥曲：《下淡水河写着我等介族谱》，见钟永丰、林生祥《我等就来唱山歌：美浓反水库运动音乐纪实》，高雄：串联有声出版社，1999年。

［21］简炯仁：《高雄县旗山地区的开发与族群关系》，高雄：高雄县，2005年。

［22］ANDERSON B. Imagined communities, London：Verso，1991.

［23］BOURDIEU P. Outline of a theory of practice, Cambridge：Cambridge University Press，1977.

［24］CHAMBERS R. Participatory rural appraisal（PRA）：challenges，potential and paradigm world development，1995，22（10）：pp. 1437 – 1454.

［25］COHEN M L. Writs of passage in late imperial China：contract and the documentation of practical understanding in minong//Kinship，contract，community，and state，Stanford：Stanford University Press，2005：pp. 252 – 303.

［26］COSER L A. Introduction：maurice habwachs//On collective memory. Chicago：

The University of Chicago Press，1992.

　　［27］GEERTZ C. The interpretation of cultures，New York：Basic Books，1973.

　　［28］Payne Geoff、Judy Payne 著，林育如译：《研究方法五十个关键概念》，台北：韦伯文化国际出版有限公司，2012 年。

　　［29］PERLEAU-PONTY M. The phenomenology of perception，London：Routledge，1962.

用客家文化打造民宿
——民宿在美浓发展的现况考察

曾纯纯①　林联栋②

一、引言

台湾自1998年施行隔周休两日，2001年开始实施周休两日，民众日益重视休闲观光，台湾的民宿如雨后春笋般四处林立。2001年12月《民宿管理办法》实施前，全台已有约988家未经合法认证的民宿。由于民宿旅游渐渐受到旅客的欢迎，陆续有许多家民宿相继投入经营。

台湾南部客家人聚居的六堆地区③，目前的行政区域分属高雄市与屏东县。2015年营业的合法民宿名单里，除高雄市美浓区21间、六龟区18间之外，屏东县客家乡镇的民宿间数，如长治乡、麟洛乡、新埤乡、佳冬乡均为零，高树乡、内埔乡、竹田乡、万峦乡则为个位数。当高雄、屏东两地竞相开发文化观光资源时，④ 高雄合法民宿为452间，屏东有442间，其中六龟是南部温泉胜地，而高树、万峦的部分民宿亦是沿着沿山公路的

①　曾纯纯，台湾屏东科技大学客家文化产业研究所教授。

②　林联栋，台湾大学客家研究中心特约副研究员，美浓林家民宿负责人，屏东科技大学客家文化产业研究所研究生。

③　六堆地区位于南台湾一隅，早期来自粤东的客籍移民渡海来台，开拓蛮荒之地，缺乏官方保护，彼此互助合作，结成地缘聚落。在美浓区、杉林区、六龟区（以上为高雄市），高树乡、长治乡、麟洛乡、内埔乡、竹田乡、万峦乡、新埤乡、佳冬乡（以上为屏东县）等的客家乡镇，闽客村落交杂其中，呈现客庄被闽庄包围的空间结构。

④　高雄市设有观光局、文化局、客家委员会，屏东县设有观光传播处、文化处、客家事务处。一般是由观光局主办民宿业务。

观光路线而兴建。① 令人感到好奇的是，吸引观光客的特质同样是浓厚的客家文化，为何美浓一地有 21 间民宿，而条件相同的屏东县客家乡镇却难以经营民宿？美浓的民宿兴盛是否有其他特殊的原因？

二、台湾民宿发展的历程

（一）民宿定义

2001 年前，台湾交通事务主管部门观光局尚未实施《民宿管理办法》时，学者文献指出，"民宿"是民宅空间转换形式再利用，出租给游客投宿，主要以家庭方式经营（何郁如、汤秋玲，1989；郭永杰，1991）；也有学者主张，"民宿"是在海滨、山村或观光地，为旅客提供如在家般的住宿设施（郑诗华，1992；韩选堂、顾志豪，1992）。在经营管理形态上，经营民宿的是实际从事旅馆商业行为者（何郁如、汤秋坽，1989），或拥有相关执照者（郑诗华，1992）。

（二）台湾民宿产业发展趋势

2001 年 12 月台湾交通事务主管部门公布实施《民宿管理办法》后，民宿便开始在各个风景区迅速蔓延，始于垦丁，长于宜兰，却在清境苗壮，形成一股圆梦创业风潮（郑健雄、吴干正，2004）。台湾民宿早期给台湾人民的印象是质量不好但价格低廉，正负面评价皆有。民宿的特色固然是由当地人经营，地方人情味浓，可于乡间深度旅游；部分新建民宿更强调其建筑特色，融入当地自然人文景观，与台湾传统农村的农舍迥然不同。

从观光局之台湾地区民宿合法登记经营统计资料来看，民宿数量从 2003 年登记的 65 家，至 2014 年成长至 4 608 家，足足多 70 倍。民宿房间总数也由 2003 年的 280 间，扩增为 18 467 间，可见其成长速度之快。《民宿管理办法》实施初期，未合法民宿占民宿量的多数，然此趋势正逐年下降，未合法家数由 2001 年的 100%，下降至 2003 年的 89.2%，2006—2013 年在 10% ～ 20%，2014 年未合法民宿的比例大幅下降至 9%。此一变迁趋势，对于台湾民宿的发展具有相当正面之意义。

---

① 屏东县高树乡广福村、新丰村及万峦乡成德村、万金村均为沿山公路一带。因此在屏东县只有万峦乡万峦村的一间民宿是盖在客家庄里，其余均是持有旅馆业执照者。

三、美浓由一级产业转型为休闲农业

（一）美浓的社会经济背景

美浓位于台湾南部，高雄市的东北部，坐落在荖浓溪和楠梓仙溪的平原上，全境三面环山，又有中正湖，①百分之九十以上的居民，其先祖是大约三百年前②从广东梅县、蕉岭迁移来的客家人，③是一个民风淳朴的客家小镇。

美浓位于北回归线之南，又处中央山脉的背风面，冬季为干季，气候温暖，且南面无山岭阻隔，西南季风通行无阻，夏季雨量充沛。月均温在18℃~28℃之间，年均温约24℃，多年总平均雨量约为每年2 300~2 800厘米（美浓镇志编纂委员会，1997：213-224）。地形、地势与气候的天然条件，加上水利设施的建立，孕育美浓的稻作成为富庶的双冬水田。1994年以前，美浓稻作面积始终居高雄县之冠，是最重要的水稻生产区，素有高雄县谷仓之称（美浓镇志编纂委员会，1997：616-634）。再以高雄县2010年稻米收获（耕地）面积及产量统计说明，全县收获（耕地）面积4 556公顷，产量23 700吨，平均每公顷产量5 202千克。其中以美浓镇一、二期稻作合计收获（耕地）面积1 276公顷，产量6 679吨，平均每公顷产量5 233千克，为全县之冠（高雄县统计要览，2010）。

除了稻作，烟叶更曾是美浓农村经济的主脉。1976年全镇种烟户数达1 791户，种植面积2 300余公顷，全镇几乎有四分之一户人家是烟农。1986年公务员年收入约20万元新台币，而烟叶的年产值是35万余元新台币。烟叶的种植明显繁荣了美浓农村的经济，也直接或间接成为本地农家子弟接受较高教育的基础与动力（美浓镇志编纂委员会，1997：1183-1184）。

美浓早期受限于地形环境及闽客冲突的因素，社会关系网络不易扩

---

①　美浓庄地形东西3里4町，南北4里4町，全局敷地7.69平方千米，面积广袤。地理上位于旗山郡的东南，东、西、北三面环山，山峦起伏，为美浓溪的源流，又是天然坤圳的泉源地，西南一带土地平坦，是本庄经济重地（美浓庄役场，1997：1252-1255）。

②　美浓旧名弥浓，于清乾隆时期开庄，隶属凤山县港西上里，在县治之东。县治，东至港西旗尾溪台湾县界五十五里（又东历弥浓庄、中坛庄、龙肚庄界各六十里），而且县东界外为奉生番界，近属禁地（王瑛曾，1993：8-9）。

③　日据时期，台湾汉移民的乡贯调查，下淡水地区客家移民以广东嘉应州为主。当时美浓庄人口数18 000人，原籍嘉应州客家即有17 100人，客家移民所占比例为95%（林正慧，2008：20-21）。

张，有高度集中于美浓内部的现象，而婚姻的形式大多也是族群内的通婚。因此由地理形势、族群的关系以及产业经济的社会性质等观点而言，美浓相较于其他六堆客家地区，显得相当封闭且自成一格（美浓镇志编纂委员会，1997：879－882）。也因为美浓客家早期的封闭，客家纯度高，所以在风俗习惯、岁时祭仪、祖先崇拜、服饰装扮等社会文化方面，保存了诸多源自客家原乡的记忆。

（二）美浓的农业转型

美浓花海的由来，是高雄县鼓励美浓当地在二期水稻收割后种植花卉，其不但具有绿肥功能，还能改善田园景观的视觉效果，且美浓观光、文化资源丰富，可通过花海的特色，吸引更多游客到美浓或临近景点，带动地方商机。2006 年起一年一度的美浓花海，花期从二月初到三月初，覆盖整个春节假期。美浓共计以 55 公顷之广的农田种植各类品种的大波斯菊，花海景观让美浓于 2012 年获选为台湾十大观光小城之一，以浓厚的客家庄文化气息与秀丽风景著称，每年春节前后举办的"彩绘大地、花海活动"更成为美浓区的特色招牌，吸引民众目光。2013 年美浓花海纳入杉林区及六龟区，花海总面积将近 100 公顷，属全台湾最大，成为名副其实的"高雄后花园"。

在经济全球化的冲击下，美浓知名的烟叶产业逐渐没落，再加上农村劳动力流失，农民必须为自己的生计找到出路，过去在田间有种不起眼的小萝卜，据说是日本人留下的品种，这种后来被称为"白玉萝卜"[1] 的作物，因为适合美浓的自然环境，且具有成本低、生长期短及不需太多劳动力的特性，逐渐扩大了种植的面积。白玉萝卜的种植虽非为了替代烟叶种植，但衔接了美浓烟叶末期的农村发展。现在白玉萝卜已经成为美浓冬季轮作的重要作物之一，每年 9 月到 10 月播种，45～50 天即可收成，随着各农民播种时间的差异性，产季从 10 月持续到 12 月底。

美浓区农会总干事钟清辉指出，[2] 从 2006 年冬季开始举办美浓白玉萝卜季，历经 9 个年头，原本种植面积 25 甲，[3] 极盛时扩增到 200 甲，并透过腌渍、加工等方式，发展出各式不同的萝卜商品，为农民创造出更多的

---

① 钟清辉和地方人士，以美浓客家合院正厅底下祀奉土地龙神的"土中生白玉"对联为灵感，将其更名为"白玉萝卜"并注册商标。

② 笔者访问，钟清辉口述（男，现年 48 岁，美浓区福安里人，2009 年由美浓区农会理事会遴聘担任第 16 届美浓区农会总干事至今），访谈日期：2015 年 5 月 7 日，地点：美浓区农会。

③ 1 甲＝9 699 平方米。

产值。钟清辉表示："以新鲜萝卜的产值来讲，大概在六七千万，加工的部分，做成老萝卜、腌萝卜、萝卜丝还有萝卜苗干，它的产值逼近 1 亿，2010 年开放民众现场采萝卜，加入了观光体验的部分，所以很顺利地吸引很多游客来到美浓，这方面的产值将近有 3 亿。"将拔萝卜变成农业体验，增加观光收益。

美浓冬季的农业经营，除了白玉萝卜以外，还有农民在 2003 年开始试种的新品种橙蜜香小西红柿，由于美浓秋冬气候凉爽、土壤干松，正适合小西红柿生长、储存糖分。良好的质量与甜度，使橙蜜香小西红柿在其他农产品的价格起起落落时能一直维持稳定，逐渐在市场上建立口碑，成为美浓冬季代表性水果，也带动了美浓的农业经济。美浓区农会总干事钟清辉说，[1] 2010 年橙蜜香小西红柿种植面积约 50 公顷，平均每台斤[2]50～60 元，农历除夕前就被游客采收一空，2011 年农民就将栽种面积增至 100 公顷，美浓农会除了推出"优质橙蜜香西红柿"的认证机制，也参照前一年白玉萝卜的活动，开放西红柿园，供民众亲自下田体验采果。钟清辉依据美浓区农会的统计指出，[3] 2013 年橙蜜香小西红柿种植面积约 156 公顷，产值约 4 亿元，加上采果人潮所带动的外围经济效益，预估将超过 6 亿元，已经为美浓地区带来可观的收入。

近年来，美浓地区一入秋冬，沿路一块块绿色的萝卜田，果园结实累累的橙蜜香西红柿，加上色彩鲜艳的花田，形成别具风情的美浓特色景观，每天都有游览车载着大批游客进入美浓拔萝卜、采西红柿、赏花海，为当地建造数十家民宿提供了契机。

（三）美浓在地文化产业

地方文化产业的发展必须强调产业形态的地理相关性，并以独特性及本土化之生产形态呈现出来，强调产业的文化生活性和精神价值内涵等具有地方传统文化历史根源及地域独特性的价值，并可通过产业与地方关系的界定，重新发掘地方历史性基础及文化特色来凝聚地方认同意识，这样的生产形态的形成与保持，其背后的重要支撑乃依赖地方居民内发性之发展策略。期望此一策略保持永续性的发展，必须让地方居民在拥有稳定的工作和收入的基础上，带动地方自足性的永续发展，而各地人民往来观光旅游所带动的相关产业已是当今最重要的经济活动之一。因此，提升地方

---

① 笔者访问，钟清辉口述，访谈日期：2015 年 5 月 7 日，地点：美浓区农会。
② 1 台斤约等于 600 克。
③ 笔者访问，钟清辉口述，访谈日期：2015 年 5 月 7 日，地点：美浓区农会。

文化产业观光附加价值，并适时将观光优势融入地方文化产业的发展中，成为地方文化产业发展的目标之一。

最早进行产业化的客家文化，应该是客家美食，如客家小炒、板条、米粉与米食（糍粑、各式客家板等）等，独具风味，已经成为跨族群共同经营的族群性文化产业。美浓客家的文化产业发展须以传统客家生活文化中所散发之原始智慧作为先决条件。借由长时间累积而塑成了美浓之当地文化，更借由产品消费认同客家文化之价值，学习族群之认同。若要对美浓文化产业加以分类，一般可分为以下几类与生活息息相关之历史文化古迹，如东门楼、敬字亭；地方农特产，如白玉萝卜、橙蜜香西红柿、野莲、美浓米；民俗活动，如送字纸、迎圣迹、秋收平安戏；创新地方文化活动，如黄蝶祭。美浓区地方文化产业发展已立足于土壤上，结合当地农业产业特色，其水平已有相当共识。

四、美浓民宿结合客家文化与地方产业

（一）美浓民宿的发展

台湾民宿的起源，大多是为解决观光地区住宿饭店或是旅馆不足的问题。但是随着人们休闲度假风气日盛，短期旅游蔚然成风，再加上人们偏好大自然山林户外活动的旅游形态，于是，在非观光区提供食宿、活动体验并结合当地风土民情的民宿应运而生。台湾交通事务主管部门观光局于2001年通过所谓"民宿管理法规"，美浓在2004年才出现三家民宿：湖美茵、人字山庄与中正湖民宿，分别位于交通要道的中山路及风景优美的中正湖。人字山庄负责人虽不是美浓客家人，却在当地长期从事美术教学，其余两家的负责人都是客家人，却不是农民的身份，以教师身份业余运用家中多余的房间经营民宿。而当年投宿的旅客，以40岁以上者居多，多是为了体验客家文化与美食。

在美浓推出花海活动之后，游客对于休闲旅游中的住宿服务需求量增加，民宿的供应量也随之增加，2007年至2008年陆续成立云山居民宿、自强民宿、美浓民宿、清园民宿、美浓情休闲观光民宿、中正湖欧式山庄、林家民宿等。类型也慢慢走向多元化，以独栋式的洋房或透天厝的连栋住宅为主。烟城民宿的经营者原是位建筑师，兴建了一栋烟楼外形的民宿。百果园也有一栋仿造烟楼的独栋民宿。林家民宿是三合院式建筑，让热衷于客家建筑的消费者心生向往。

不同于其他地区民宿业多为农民运用农舍经营，云山居民宿经营者是

一对音乐教师，林家民宿经营者的本业是警察。比较特别的是峰园民宿及百果园民宿的经营者都是事业有成的商人，他们中年退休后，选择随着妻子回到故乡，只因喜欢美浓温厚的人情，退休后在山明水秀的美浓购地置产，随着子女长大，将多余的空间用作民宿。在美浓开办民宿者大都是为了安排退休或为退休预做准备才经营民宿，因此将民宿作为小规模的家庭副业，再雇工做清洁、消毒及环境整理工作。为了当位称职的主人，峰园的陈先生、中正湖欧式山庄的苏小姐还取得了导游证照。

2010 年成立的美绿民宿，以生态为经营导向，占地约 3 公顷，有广大的蝴蝶园、植物园及会议室，除了提供餐饮住宿外，同时经营特色餐厅及开放露营，颇具规模。由专业的经理人负责经营，成立于 2014 年的春绿民宿，也是由专精园艺的吴家扩建的。两代米家、美浓能量庄园都是随着观光旅游的人潮才成立经营，这些大半由外地人投资兴建，连较偏僻的吉洋也有民宿。但是由于美浓的土地已被人为过度炒作，若是 2010 年以后再购地自建农舍经营的民宿，受限于民宿的间数，加上年轻消费者最爱的仍是老字号的民宿，因此无法稳定获利。

特色民宿如果限制在五间，规模太小。考虑到经营成本，可以有适度调整的弹性。规模较大的民宿就应该用旅馆的规范进行规划，这样对消费者来说也比较有保障。未来的民宿发展方向是提高服务质量、维护当地生态以及营造当地小区力量，民宿业走向以"主业方式"经营的精致小型旅馆业。

（二）美浓民宿的特色

美浓已成为台湾著名的观光景点，在美浓区农会的用心经营下，搭配当地特有的白玉萝卜、橙蜜香小西红柿、野莲等农产品，加上当地风土特色的饮食文化和农村自然的生活态度，是美浓民宿能经营成功的要素。

同时，美浓民宿各有特色，如美绿民宿的客家文化 DIY（擂茶、红粄、彩绘油纸伞、捣麻糬等），林家民宿的陶艺 DIY，人字山庄的葫芦雕刻、棉纸撕画，百果园民宿的体验采果，尤其结合农村资源发展特色。其负责人多为退休的公教人员，配合生态与环境兼容措施，含花海、采果、白玉萝卜生产体验，结合美浓当地的观光休闲旅游的部分，让游客觉得美浓有这么好的农产品，有这么好的自然资源，有浓厚的客家特色文化，民宿经营者还顺利地把客家地方产业与文创产业做了一个结合，实在是了不起。

五、结论

近来台湾岛内民宿之萌芽发展，结合丰富的自然、人文资源、地方产业特色，已成为新兴的观光休闲产业。但是随着许多的经营者竞相投入民宿业，也相对地造成了民宿业竞争环境的激烈化。在竞争者众多造成营运不易的前提下，如何有效运用自身相关资源，结合外在之环境与条件，以增加自己本身在市场的竞争力，便成为民宿经营者在当前以及未来经营中所要面对的难题。

美浓区的文化资源相当丰富。例如在历史文物方面，有伙房（三合院）、烟楼、东门楼、敬字亭、伯公坛、永安老街等；在生活表现方面，有客家四县话、美浓粄条、长蓝衫、土地伯公信仰、义民信仰和各种民俗活动等；在文艺创作方面，有钟理和、吴锦发、曾贵海等作家；在手工艺方面，有陶艺、油纸伞等工艺；在文物馆方面，有钟理和纪念馆、客家文物陈列馆等；在自然生态方面，则有黄蝶翠谷等。地方农产品种类有橙蜜香小西红柿（12—次年2月）、白玉萝卜（10—12月）、野莲（水莲一年3—4期）、月光山木瓜、红豆（10—12月）、米（一年春、秋2期）、波斯菊花海（12—次年2月）及油葱酥。

由上述可知，美浓是个具有文化之美的地区，更有独特的历史文化、优美的农村田园、气势磅礴的景观、丰富多样的传统及新兴高经济价值的农业生产。优良的水质，孕育特有的动、植物生态环境，十分适合发展具有深度的文化体验及高质美感之民宿产业。

博罗桂酒及其传承价值
——"苏轼《东江酒经》与客家酒文化产业研究"之三

张英明①

北宋大文豪苏轼在谪居客家原乡惠州期间，记录了东江流域的酒文化事象和酿酒工艺技术。为了便于研究，笔者将他的这类著述归总命名为《东江酒经》。② 博罗桂酒亦名博罗桂醑，是遐迩著闻的地方名优特产，亦是岭南美酒之一。同时，它又是千百年来客家先民造酒智慧的结晶，其中包括了罗浮山道家的贡献。苏轼说他获得过来源神秘的博罗桂酒酿造秘方，并且进行了成功的试验，还将这份酿酒秘方刻石收藏于隐秘之处。博罗桂酒对当今客家酒文化产业发展而言，具有相当高的传承价值。

一、饮誉千年的博罗桂酒

桂酒较早见于《楚辞》的记载："吉日兮辰良，穆将愉兮上皇……蕙肴蒸兮兰藉，奠桂酒兮椒浆。"③ 从中可见，桂酒是用来祭奠"上皇"的美酒。这里说的"上皇"，即"东皇太一"，亦即楚人的祖先神——祝融。在以后的文献记载中，桂酒作为用以祀神祭祖和宴享嘉宾的珍贵美酒，而最负盛名。

桂酒属于配制酒类。配制酒以发酵原酒、蒸馏酒或优质酒精为酒基，

---

① 张英明，江西师范大学历史文化与旅游学院教授，嘉应学院客家研究院客座教授，中国人类学民族学研究会客家学专业委员会常务委员，江西省社会科学界联合会理事。
② 张英明：《〈东江酒经〉的由来与命名——"苏轼〈东江酒经〉与客家酒文化产业"研究之一》，见《国际移民与客家文化学术研讨会论文集》，梅州，2013年。
③ 王逸：《楚辞章句补注·楚辞集注·楚辞卷第二·九歌章句第二·东皇太一》，长沙：岳麓书社，2013年。

加入花果成分，动植物的芳香物料，或药材，或其他呈色、呈香及呈味物质，采用浸泡、蒸馏等不同工艺调配而成，在酿酒科学史上属世界珍贵的酒类之一。从历史文献的记载看，桂酒是我们祖先酿造的相当古老的一种配制酒。

按酿造配料分类，历史上有过两种桂酒：一种是以肉桂树皮浸泡的酒，肉桂树为樟科樟属植物；另一种是以桂花浸泡的酒，桂花树是木樨科木樨属植物。王逸注释"奠桂酒兮椒浆"，说"桂酒，切桂置酒中也"①。据此而言，《楚辞》说的"桂酒"属于前一种配制酒。"椒，香物，所以降神也；糈，精米，所以享神也。"② 桂也属于香物。我们的祖先之所以要用桂酒祀神祭祖，是认为香物具有请神灵降临于世的功效。

博罗桂酒之名较早见于李肇撰著的《唐国史补》。他在书中列举的唐代名酒有："酒则有郢州之富水，乌程之若下，荥阳之土窟春，富平之石冻春，剑南之烧春，河东之乾和蒲萄，岭南之灵溪、博罗，宜城之九酝，浔阳之湓水，京城之西市腔，虾蟆陵郎官清、阿婆清。"③ 在这十三种名酒中，岭南占了两种，即灵溪酒和博罗桂酒。灵溪在韶州乐昌市东北一百二十里处，源出本县灵君岭。"《旧经》云：'其水味甘，饮之者长寿，乡人取以酿酒。'"④ 乐昌亦属客家原乡之境域。

北宋《太平广记》辑录了《唐国史补》关于岭南名酒博罗桂酒的记载。⑤ 元代宋伯仁撰著《酒小史》，记录了春秋战国以来历代名酒一百余种，其中包括"博罗县桂醑"。⑥ 清代空空主人撰著《岂有此理》，说"酒味不同，以水土故也。各地皆有醇酒，名不同，味亦异"，然后列举了包括博罗桂醑在内的各地名酒。⑦ 清康熙年间，王煐曾任惠州知府数年，时常和友人泛舟宴会丰湖，还留下"梨园烂漫陈瑶瑟，桂酒芬芳泛玉舟"等诗句。⑧ 显而易见，那时桂酒依然是当地宴请嘉宾首选的美酒。乾隆年间，

① 王逸：《楚辞章句补注·楚辞集注·楚辞卷第二·九歌章句第二·东皇太一》，长沙：岳麓书社，2013 年。
② 王逸：《楚辞章句补注·楚辞集注·楚辞卷第二·九歌章句第二·东皇太一》，长沙：岳麓书社，2013 年。
③ 李肇、赵璘：《唐国史补·卷下》，上海：上海古籍出版社，1983 年。
④ 王象之：《舆地纪胜卷九十·广南东路·韶州·景物下·灵溪水》，北京：中华书局，2012 年。
⑤ 李昉：《太平广记卷第二百三十三·酒（酒量、嗜酒附）》，北京：中华书局，2013 年。
⑥ 陶宗仪：《说郛三种卷九十四·酒小史》，上海：上海古籍出版社，1988 年。
⑦ 空空主人：《岂有此理·午部·酒说》，上海：上海文艺出版社，2006 年。
⑧ 《王煐年谱长编，康熙三十二年《夏夜泛丰湖联句》；康熙三十三年《李元公副戎招饮湖上即席次朱十洲韵》。老宋同学的博客（新浪博客），http://blog.sina.com.cn/u/2479378231。

檀萃流寓罗浮。据他记载："惠阳罗阳士人家善藏酒，久之七八年。时仆馆罗阳，多从诸君饮，以为玉色香味，虽桂酒不啻。"① 由此可见，只有能够和博罗桂酒相比的酒，才算得上是好酒。

博罗桂酒何以饮誉千年？究其原因有二：

第一，岭南的资源禀赋优势和特殊的法律政策环境。

屈大均《广东新语》说："大抵粤中花木多禀阳明之德，色多大红，气多香，红以补血，香以和中，故无不可以为酒者。龙眼之鹥，橘之冻，蒲桃之冬白，仙茅之春红，桂之明月黄，荔支之烧春，皆酒中之贤圣也。"② 嵇含《南方草木状》说："南海多美酒，不用麹蘖，但杵米粉，杂以三五草药。盖若今山桔、辣蓼、马蓼之属，和豆与米饭而成者也。"③ 此外，"越林多蔽天，黄甘杂丹橘。万室通酿酤，抚远无禁律。粤地故多灵泉甘液，终年花果鲜美芬芳，而当时人民饶裕，户户为酒，争以奇异相高"④。岭南拥有许多得天独厚的条件，所以成为中国发酵酒和配制酒的发祥地之一，以及兴盛之区。

博罗用以制作桂酒的配料上乘。《本草图经》说："桂有三种：菌桂生交趾山谷，牡桂生南海山谷，木桂生桂阳。"⑤ 其中以牡桂为"上品"。《本草纲目》援引《神农本经》说："俗用牡桂，扁广殊薄，皮黄，脂肉甚少，气如木兰，味亦类桂，不知是别树，是桂之老宿者？菌桂正圆如竹，三重者良，俗中不见，惟以嫩枝破卷成圆者用之，非真菌桂也，并宜研访。今俗又以半卷多脂者，单名为桂，入药最多，是桂有三种矣。此桂广州出者好；交州、桂州者，形段小而多脂肉，亦好；湘州、始兴、桂阳县者，即是小桂，不如广州者。"牡桂"其叶甚香，可用作饮尤佳"⑥。此处说的"广州"，泛指"南海山谷"。《罗浮山记》说："罗山顶有桂，《山海经》所谓'贲禺之桂'（贲禺，番禺也）。"罗浮山上的桂树，自古就扬名于世。

第二，罗浮山道家采食"仙药"和研发"长生酒"的影响。

罗浮山奇花异草众多，且又山海相连，虚无缥缈，犹如"蓬莱仙岛"南迁，"诸仙及不死药在焉"（司马迁语）。燕齐诸地方仙道的领军人物相

---

① 檀萃：《楚庭稗珠录卷三·粤囊下》，广州：广东人民出版社，1980年，第102页。
② 屈大均：《广东新语卷十四·食语·酒》，北京：中华书局，1985年。
③ 嵇含：《南方草木状卷上·草类·草麹》，广州：广东科技出版社，2009年。
④ 屈大均：《广东新语卷三·食语·酒》，北京：中华书局，1985年。
⑤ 《康熙字典·辰集中·木字部·桂》，北京：中华书局，2007年。
⑥ 李时珍：《本草纲目·主治第四卷·百病主治药·木部·桂》，北京：人民卫生出版社，2004年。

继而来，寻找仙药，修炼仙体。据记载："罗浮之有游者，自安期始。自安期始至罗浮，而后桂父至焉。秦代罗浮之仙，二人而已，安期固罗浮开山之祖也。其后朱灵芝继至，治朱明耀真洞天。华子期继至，治泉源福地，为汉代罗浮仙之宗，皆师乎安期者也。"① 东晋葛洪继往开来，将方仙道发展成为神仙道教，继续以养生修仙之道为旨归，故而说"道家之所至秘而重者，莫过乎长生之方也"②。

《南方草木状》说："番禺东有涧，涧生菖蒲，皆一寸九节。安期生采服，仙去，但留玉舄焉。"③《广东新语》说，罗浮山生长南烛，"昔朱灵芝真人以其叶兼白秔米，九蒸暴之，为青精饭，常服，人称青精先生。今苏罗猺人，每以社日为青精饭相饷，师其法也。苏罗乃罗浮最深处"④。顾微《广州记》说："桂父常食桂叶，见知其神，尊事之，一旦与乡曲别，飘然入云"⑤，成仙而去。刘向《列仙传》赞颂说："伟哉桂父，挺直遐畿。灵葵内润，丹桂外绥。怡怡柔颜，代代同辉。道播东南，奕世莫违。"⑥ 罗浮山道士还研制出了诸如真一法酒和桂酒之类的"长生酒"。

方仙道自信罗浮山上的菖蒲、南烛、桂树皆为"不死之药"，然而实际上这只是一种纯属主观的想象。但是，这些方士服食"仙药"和"长生酒"的实践活动，客观上犹如神农尝百草，拿自己的生命做实验，深化了人们对这些花草树木的药性和功效的认识，推动了中国古代药物学和配制酒的发展。以牡桂为例，《神农本草经》说它"味辛，温，主上气咳逆，结气，喉痹吐吸。利关节，补中益气。久服通神，轻身不老"⑦。《本草纲目》说它"治百病，养精神，和颜色，为诸药先聘通使。久服轻身不老，面生光华，媚好常如童子"⑧。这些所谓的"仙药"及其"长生酒"，所具有的只是养生益寿的功效。

北宋诗人唐庚谪居惠州期间留下诗句说："潮田无恶岁，酒国有长春。草木疑灵药，渔樵或异人。"⑨ 在此，他将谪居地誉为"酒国"。这个弥漫

---

① 屈大均：《广东新语卷三·山语·罗浮》，北京：中华书局，1985 年。
② 王明：《抱朴子内篇校释卷第十四·勤求》，北京：中华书局，1985 年。
③ 嵇含：《南方草木状卷上·草类·菖蒲》，广州：广东科技出版社，2009 年。
④ 屈大均：《广东新语卷二十五·木语·南烛》，北京：中华书局，1985 年。
⑤ 顾微：《广州记》，见徐坚等：《初学记卷二十三道释部·桂父·茅君》，北京：中华书局，1962 年。
⑥ 刘向、葛洪：《列仙传·神仙传卷上·桂父》，上海：上海古籍出版社，1990 年。
⑦ 尚志钧：《神农本草经校注卷第二·上品药·牡桂》，北京：学苑出版社，2008 年。
⑧ 李时珍：《本草纲目·主治第四卷·百病主治药·木部·桂》，北京：人民卫生出版社，2004 年。
⑨ 刘克庄：《后村诗话前集卷二·唐子西》，北京：中华书局，1983 年。

仙气的酒国，为罗浮山成为岭南道家的仙山酒都奠定了深厚的基础；罗浮山道家采食"仙药"和研发"长生酒"，也有利于博罗桂酒饮誉千年。

二、苏轼与桂酒秘方

苏轼谪居惠州期间，在《桂酒颂并序》中说："有隐者，以桂酒方授吾，酿成而玉色，香味超然，非人间物也。"此"隐者"何许人也？《桂酒颂》言："谁其传者疑方平，教我常作醉中醒。"① 苏轼说他常在酒梦中怀疑"以桂酒方授吾"的，是一个名叫"方平"的仙人。"方平"又是何许人也？综合《广成先生神仙传》和《新都志》等文献记载，传说"方平"本名王方平，东汉人，经常采药于新都的真多山，后在平都山飞升成仙。

苏轼在给同乡道士陆子厚的一封信中，称罗浮山邓守安道士是和他交往密切的"世外良友"。随后说道："适饮桂酒一杯，醮桂而成，盎然玉色，非人间物也。"② 张文潜曾经得到苏轼的培养、奖掖和荐拔，属于苏门四学士之一。苏轼在给他的一封信中说："罗浮有道士邓守安，虽朴野，养练有功，至行清苦，常欲济人，深可钦爱。见邀之在此，又颇集医药，极有益也。"③ 苏轼说"谁其传者疑方平"，是以常采药于真多山的王仙人，暗喻在罗浮山"颇集医药"的邓道士。苏轼曾经虚构了一个神授真一法酒秘方的故事，然而它实际上是邓守安道士赠送的。④

前文已说历史上出现过两种桂酒，一种是以肉桂树皮浸泡的酒，另一种是以木樨花（俗称"桂花"）浸泡的酒。在屈大均看来，《唐国史补》说的博罗酒，和苏轼按照"隐者"授予的"桂酒方"酿造的，都属于后一种"桂酒"，即"桂花酒"。正因为如此，所以他说："博罗蛮村有桂，以其花酿，曰'桂酒'。苏长公有《桂酒颂》，并与酿法刻于罗浮铁桥下。"⑤ 但是，从苏轼自己的说法看，他依照"桂酒方"酿造的却不是以木樨花，而是以肉桂树皮浸泡的酒。

苏轼在《桂酒颂并序》中说："《礼》曰：'丧有疾，饮酒食肉，必有

---

① 惠城区地方志编纂委员会编纂：《惠州志·艺文卷第四编·桂酒颂并序》，北京：中华书局，2004年。

② 惠城区地方志编纂委员会编纂：《惠州志·艺文卷第四编·与陆子厚》，北京：中华书局，2004年。

③ 惠城区地方志编纂委员会编纂：《惠州志·艺文卷第四编·与张文潜》，北京：中华书局，2004年。

④ 张英明：《真一酒法的仙话、文化意蕴与开发利用——"苏轼〈东江酒经〉与客家酒文化产业"研究之二》，《客家文化遗产研究——第五届客家文化高级论坛论文集》，赣州，2014年。

⑤ 屈大均：《广东新语卷十四·食语·酒》，北京：中华书局，1985年。

草木之滋焉。姜桂之谓也。'古者非丧食，不彻姜桂。《楚辞》曰：'奠桂酒兮椒浆'，是桂可以为酒也。《本草》：桂有小毒，而菌桂、牡桂皆无毒，大略皆主温中，利肝肺气，杀三虫，轻身坚骨，养神发色，使常如童子，疗心腹冷疾，为百药先，无所畏。陶隐居云：《仙经》，服三桂（肉桂、菌桂、桂皮），以葱涕合云母，烝为水。而孙思邈亦云：久服，可行水上。此轻身之效也。"据此分析，他用以酿造桂酒的配料，属于药用的菌桂、牡桂之类。所以，他接着说："吾谪居海上，法当数饮酒以御瘴，而岭南无酒禁。有隐者，以桂酒方授吾，酿成而玉色，香味超然，非人间物也。"①在当时的条件下，常见的"御瘴"方法便是饮酒。因此，那位"隐者"将能够"御瘴"的"桂酒方"送给苏轼。

苏轼在《桂酒颂》中描写过他饮桂酒的感受，说"大夫芝兰士蕙蘅，桂君独立冬鲜荣。元所慑畏时麾争，酿为我醪淳而清。甘终不坏醉不醒，辅安五神伐三彭。肌肤渥丹身毛轻，冷然风飞罔水行。"②诗中说的"五神"，指的是人的神、魄、魂、意、志；"三彭"指的是道教的"三尸"，亦称"三虫"，它们在人体内作祟，影响人的修炼。所谓"辅安五神伐三彭"，是说这种桂酒具有静心安神和伐取"三尸"的功效。所谓"罔水行"，即"罔水行舟"，亦即没有水而能够在陆地行船。所谓"肌肤渥丹身毛轻，冷然风飞罔水行"，指的是喝了桂酒以后肌肤色如渥丹，灿若明霞，身体轻如羽毛，神奇得像没有水而能在陆地上行船一样，飘然欲飞。道家认为"杀三虫，轻身坚骨，养神发色，使常如童子"，这些都是菌桂、牡桂才有的功效。

《避暑录话》说，苏轼"在惠州作桂酒，尝问其二子迈、过，云亦一试之而止，大抵气味似屠苏酒。二子语及，亦自抚掌大笑"③。《本草纲目》说："屠苏酒，陈延之《短剧方》云：此华佗方也，元旦饮之，辟疫疠一切不正之气。造法：用赤木桂心七钱五分，防风一两，菝五钱，蜀椒、桔梗、大黄五钱七分，乌头二钱五分，赤小豆十四枚，以三角绛囊盛之，除夜悬井底，元旦取出置酒中，煎数沸。举家东向，从少至长，次第饮之。药滓还投井中，岁饮此水，一世无病。"④苏轼酿造的桂酒，其"大抵气味似屠苏酒"，这说明它弥漫的不是木樨花香味，而是浓烈的草药香

---

① 惠城区地方志编纂委员会编纂：《惠州志·艺文卷第四编·桂酒颂并序》，北京：中华书局，2004 年。

② 惠城区地方志编纂委员会编纂：《惠州志·艺文卷第四编·桂酒颂并序》，北京：中华书局，2004 年。

③ 叶梦得：《避暑录话·卷上》，北京：中华书局，1985 年。

④ 李时珍：《本草纲目卷二十五·东阳酒》，北京：人民卫生出版社，2004 年。

味。它和屠苏酒一样，都有"辟疫疠一切不正之气"的功效。

苏轼在《新酿桂酒》中说："捣香筛辣入瓶盆，盎盎春溪带雨浑。收拾小山藏社瓮，招呼明月到芳樽。酒材已遣门生致，菜把仍叨地主恩。烂煮葵羹斟桂醑，风流可惜在蛮村。"① 诗中"捣香筛辣入瓶盆"一句，说明他用以酿造桂酒的配料为肉桂（"香"）和椒（"辣"）等药料，这正好暗合王逸说的桂酒的制法，即"桂酒，切桂置酒中也；椒浆，以椒置浆中也。"

历史上的博罗桂酒，或许包括了分别用肉桂树皮和木樨花浸泡出来的两种类型，但是苏轼酿造的桂酒确是采用肉桂树皮浸泡出来的。现在来看看它的色香味到底如何。苏轼在一封信中说："岭南家家造酒，近得一桂酒法。酿成，不减王晋卿家碧香，亦谪居一喜事也。"② 王晋卿是宋英宗的女婿，即驸马。"碧玉香"是王家酿制的名酒，据说它用碧桃花瓣混合酒曲而酿成，色浅黄，香淡而清。苏轼和王驸马有交情，喝过他家的"碧玉香"，曾写诗："碧香近出帝子家，鹅儿破壳酥流盎。"③ 如今他经过比较，认为自己酿造的桂酒在色香味方面"不减王晋卿家碧香"，它"酿成而玉色，香味超然，非人间物也"④。是天上仙酒呀！苏轼说他酿造的真一法酒的色香味也犹如"碧玉香"，"碧玉香"成了他评价"仙酒"的参照物。

苏轼在《桂酒颂并序》中说，他之所以要写《桂酒颂》，是为了"以遗后之有道而居夷者"。同时，他将"桂酒方""刻石置之罗浮铁桥之下，非忘世求道者莫至焉"⑤。罗浮山由罗山和浮山构成。"当二山之交，有磴穿然如衡，二砥柱峙其两端而色苍黝，是曰铁桥。非桥也，一石飞空，袅袅数十百丈，上横绝巘，下跨悬崖，以接二山之脉，故曰桥也。"⑥ 苏轼说这块刻有"桂酒方"的石碑被安放在罗浮铁桥下的险要之处，将来只有真正的"忘世求道者"才能找到它。

---

① 惠城区地方志编纂委员会编纂：《惠州志·艺文卷第四编·新酿桂酒》，北京：中华书局，2004年。

② 惠城区地方志编纂委员会编纂：《惠州志·艺文卷第四编·答钱济明书之三》，北京：中华书局，2004年。

③ 惠城区地方志编纂委员会编纂：《惠州志·艺文卷第四编·送碧玉香与赵明叔教授》，北京：中华书局，2004年。

④ 惠城区地方志编纂委员会编纂：《惠州志·艺文卷第四编·桂酒颂并序》，北京：中华书局，2004年。

⑤ 惠城区地方志编纂委员会编纂：《惠州志·艺文卷第四编·桂酒颂并序》，北京：中华书局，2004年。

⑥ 屈大均：《广东新语卷三·山语·罗浮》，北京：中华书局，1985年。

三、博罗桂酒的传承价值

时至今日，苏轼那块珍贵而神秘的石刻一直未能重见天日。但是，人们可以为之感到惋惜，却不必为此感到失望。相反，他和罗浮道家"桂酒方"的邂逅，提升了博罗桂酒的知名度和美誉度，这倒是值得庆幸的。博罗桂酒的酿造工艺方法作为一种无形的文化资产，源自东江流域客家先民的集体创造，千百年来主要通过口耳相传、言传身教的方式而世代相承。罗浮道家的"桂酒方"也是如此，或许"原版"的"桂酒方"失传了，但是它的配方元素可以通过不同途径渗入民间桂酒酿造经验中。

2012年"客家黄酒之都"暨"客家酒文化馆"在河源揭幕。据报道，河源创建中国客家黄酒生产基地和"客家黄酒之都"，旨在通过客家文化来推动客家黄酒产业发展，振兴客家黄酒产业；通过"客家黄酒传承与创新"，让客家黄酒品牌走出广东、冲出国门、走向世界。[①] 赣闽粤边区其他有关市县，也表现出和河源相似的创意和激情。河源重在黄酒品牌的创制，先后推出了"龙乡贡""东江纯"等新创黄酒名品。惠州重视打"东坡牌"，例如以"林婆酒"为载体，让现代人在啜饮中得以领略东坡先生"持杯遥劝天边月"之浪漫情怀，以及传承和弘扬"东坡寓惠文化"事业等。但是，所谓"林婆酒"秘方的来源存在疑窦，如果不解决好，而用它来创制品牌，可能会有风险。

博罗桂酒饮誉千年，具有珍贵的文化资源保护价值。想传承与创新客家黄酒文化，就应当首先要有保护该项资源的意识和行动。文化资源的保护方式有博物馆式保护、命名式保护、开发式保护等。四川三苏酒业有限责任公司的"苏东坡酒传统酿造技艺"，已于2011年被正式列入四川省非物质文化遗产保护名录，成为受国家法律保护的非物质文化遗产项目，这属于"命名式保护"。博罗桂酒饮誉千年，其传统酿造技艺也值得争取政府的"命名式保护"。

博罗桂酒是具有高文化含量、高附加值的品牌资源，值得传承和发展。美国专家莱利莱特指出："未来的营销是品牌的战争。商界与投资者将认清品牌才是公司最宝贵的资产，拥有市场比拥有工厂重要得多，而拥有市场的唯一途径就是拥有具有市场优势的品牌。"[②] 当年名载《唐国史

---

① 李惠敏：《客家语浓：广东"客家黄酒之都"花落河源》，http://www.gd.chinanews.com/2012/2012-11-19/2/216663.shtml，2012年11月19日。

② 转引自李怀亮、金雪涛：《文化市场学》，北京：首都经济贸易大学出版社，2010年，第201页。

补》的"荥阳之土窟春"，曾经与博罗桂酒齐名，也是饮誉千年的历史名酒。当今郑州太子春酒业有限公司，同时拥有"土窟春""太溪春""亚喜亚"等商标，还确定以"太子春酒"为中低档系列酒之一，而以"土窟春"为高中档品牌酒，来推动企业发展。四川省三苏酒业有限责任公司注册商标有"苏东坡"和"三苏"（指北宋苏洵和他的儿子苏轼、苏辙，为"唐宋八大家"中的三家）。1989 年"三苏特曲"被评为"国家优质酒"。1993 年"三苏特曲"荣膺首届国际名酒香港博览会金奖。2004 年"三苏特曲"被中国市场名优产品调查中心认定为"中国市场名优品牌"。回头来看，博罗桂酒似乎尚未获得人们的关注和青睐。

博罗桂酒在东江流域客家黄酒文化资源中具有"核心资源"价值。它是这个区域稀有的饮誉千年的历史名酒，同时拥有苏轼名人效应和罗浮道家养生效应所产生的市场吸引力。因此，应当站在东江流域客家黄酒文化产业发展战略的高度上，考量开发利用博罗桂酒的问题，争取使之成为该区域的黄酒文化产品的核心品牌，并在此基础上，建立与之相关的多项产品构成的产业链，推动整个区域黄酒文化产业和相关产业的发展。

博罗桂酒在客家文化生活中蕴涵着影响深远的精神价值。从市场营销学的视角看，博罗桂酒作为一种整体产品，其核心产品便是蕴涵其中的客家文化的一种象征符号。客家人在这种象征符号面前，体验和回味的是对客家历史的悠远长怀，是对本民系的认同感，是对客家文化传承的愉悦之情。因此，博罗桂酒的开发利用，对于客家民系的发展也具有重要意义。

博罗桂酒的传承价值是多方面的，以上一些粗浅的看法仅供参考。在发展客家文化产业的实践活动中，越来越多的人意识到开发利用客家文化资源的重要性，同时还存在着盲目开发、无序开发和杜撰开发等问题。实践呼唤着人们重视和支持客家文化资源的研究，其中包括对客家文化资源传承价值的理解和把握，以求为客家文化资源的开发利用提供智力支持。

客家葛藤坑传说文化创意的个案分析

廖开顺①

　　"葛藤坑"是在客家人中广为流传的民间传说，从文化创意来看，这一传说虽然仅仅400来字，却可以被无限阐释，有广阔的创意空间。"葛藤坑"本是民间文学中的意象，它被演绎为宁化县石壁村。2012年第25届世界客属恳亲大会前后，三明市和宁化县对葛藤坑传说进行文化创作，主要产品有影视文学剧本《客家葛藤凹》、电影《葛藤凹》、32集电视连续剧《大南迁》以及一系列以"葛藤"为元素的动画、雕塑等作品。这可以视为一次大型文化创意活动的个案，本文将对其创意经验和存在的问题进行个案分析。

一、一次大型文化创意活动的成功经验

　　本文将三明市和宁化县对葛藤坑传说的文化创意视为一次由地方政府主导的大型文化创意活动，它仅仅是一次活动而不是文化创意产业的一项内容或者一个环节。即使这样，也有其成功经验，值得总结和思考。

（一）文化创意活动的核心问题是创意

　　无论是文化创意活动还是文化创意产业，其首要和核心问题是创意。因葛藤坑传说的创意而生产的一切文化产品，其接受对象首先定位于世界各地的客家人，因此，挖掘葛藤坑传说的客家文化内涵是最核心的工作。从民间传说葛藤坑到葛藤坑的影视作品的创意主要为：

---

　　①　廖开顺，福建三明学院客家文化研究所所长、教授。

1. 发掘"葛藤"原始意象

葛是中国南方山区常见的野生植物，攀爬所向无敌，具有特别顽强的生命力。客家人悠久的历史和艰难的迁徙，显示了顽强的生命力，与葛藤意象相合，因此，将"葛藤"作为客家文化心理深处的原始意象和生命图腾。

2. 发掘葛藤坑传说中的史诗因素

虽然葛藤坑传说不是史诗，但对于没有史诗的客家民系来说，可把它诠释为史诗，看作是客家先民迁徙历史的浓缩。葛藤坑传说的史诗特点表现在：第一，它反映了客家史最重要的三个要素：客家民系形成的时间、空间和主体。在时间上，葛藤坑传说的历史背景是唐末的黄巢起义，从唐末开始的中原汉人第二波南迁大潮延续两三个世纪，对客家民系的形成起了决定性作用。在空间上，葛藤坑传说反映客家先民从中原流徙而来，到闽赣边地去，并且以挂葛藤为提示，名为以避刀兵，其实暗示客家先民避难的去处为葛藤坑，暗含对新的家园和精神家园的向往。石壁作为闽赣边地客家先民最重要的集聚地和客家民系最重要的孕育地，与民间传说相合。在主体上，葛藤坑也反映客家先民主要是平民、流民，并且人数众多，有这样的主体才有可能形成生产力，开荒拓基，开创客家民系形成的物质基础。

3. 褒扬传说中的伦理文化

葛藤坑传说的主要内容是妇人让亲生儿子走路，却背负年龄较大的侄儿艰难行走，如此重视和保护先兄遗孤，折射儒家孝悌伦理，其仁义的力量触动了"隔山摇剑，杀人如麻"的黄巢的恻隐之心，这都在创意中得到褒扬。

4. 在民间传说的基础上拓展客家民系形成的历史文化背景

电影《葛藤凹》和电视连续剧《大南迁》紧扣民间传说的情节和细节，但又不受其拘囿，展现了客家民系形成的宏大历史文化背景，具有多种历史文化意蕴：第一，中原板荡。对于中原汉人南迁闽粤山区的原因，一般大众往往只知道是因为"战乱"而迁徙，其实，更深层的原因是朝廷吏治腐败、纲纪混乱造成的中原板荡，国家战乱，民不聊生，纷纷逃难。《大南迁》首先从唐末官盐政策下的官吏盘剥讲到黄巢起义，揭示了黄巢之乱的必然性和民不聊生的真实性，尽管剧中人物和情节多为虚构，却具有历史与文化背景的真实性。第二，通过塑造影视主角利嫂、利中汉夫妻形象而反映中华民族的正气，张扬了主旋律。第三，用大量的故事情节反映汉人移民与先住民的民族融合，以及在闽赣边地的物质生产、人口繁衍与文化整合，由此也实现了对客家早期历史的反映。

（二）通过政府主导下的市场化运作解决资金问题

三明市人民政府、宁化县人民政府遵循影视文化创意产业的规律，力求通过市场化运作来达到创意目标的圆满实现。通过招商，选择艺术、技术和资金实力雄厚的八一电影制片厂、北京霏霖子千文化传媒公司，以及立泓（福建）置业有限公司联合摄制电影和电视连续剧，形成了文化创意项目小组的管理和运作模式。在投资、责权利关系等方面签订了平等而双赢的协议。这种以政府为主导，国有与民营企业参与的模式，对于具有重大政治和文化意义而又发生于文化创意产业不发达的客家地区的文化创意活动，具有保证社会效益的作用。葛藤坑文化创意的影视作品的受众首先是广大的海内外客属，因此，这个创意不以商业化、娱乐化影视为目标。而对于主要拍摄基地——三明市月亮湾拍摄基地则完全采用市场化运作，由企业集团投资包括摄影基地在内的月亮湾客家民俗文化园的项目建设，达到既能完成拍摄又能进一步开发该旅游景点和文化娱乐场所的目的。2014 年电视连续剧《大南迁》在中央电视台、陕西卫视、广东卫视和东南卫视播出，进入影视市场。

（三）通过政府协调，专家和作家、艺术家参与而解决文化创意的艺术和技术问题

文化创意产业离不开创意、艺术、技术和产业四大要素的参与，其中，"创意是核心，体现为原动力；艺术是样态，体现为表现力；技术是保障，体现为支撑力；产业是环境，体现为整合力"。[①] 就三明市和宁化县而言，以上四大要素都相当缺乏，唯有通过政府主导和协调来解决。

1. 在政府的协调下把好创意关

三明市、宁化县两级宣传部门、文化部门对影视创意活动的创意环节，特别是影视剧本的编写、研讨活动进行了强有力的组织和协调，但不是包揽一切，不是横加干涉，而是充分发挥作家、专家、影视制片人、导演、演员和专业技术人员的积极创造作用，多次举行开放式的研讨活动，最终使剧本达到了思想政治标准和艺术标准比较完美的结合。

2. 高标准选择合作伙伴，通过项目团队达到艺术和技术标准

影视文化创作的创意、艺术、技术等都需要高度专业化的组织结构和

---

① 胡智锋、李继东：《对影视文化创意产业若干问题的思考》，《东岳论丛》2010 年第 1 期，第 5 页。

合适的模式。"当今西方发达国家影视文化创意产业的创意者变得更加团队化和组织化，往往以项目小组的形式出现，其中包括编剧、导演等主创人员，录音师、摄像师、舞台监督、页面设计等技术人员，制片人等创意经理以及所有者和执行者。"① 三明市和宁化县人民政府与八一电影制片厂、北京霆霖子千文化传媒公司等合作伙伴组建的项目团队，各方很好地履行了自身的权利和义务。团队汇集了邹兆龙、俞飞鸿、汤镇业、梁家仁等著名演员，所有的演职人员表现出极大的热情和专业性。在拍摄过程中，有关领导经常深入拍摄第一线关心、慰问演职人员，解决实际问题，并发动、组织当地广大群众参与拍摄，从而调动了广大的专职、兼职演职人员的积极性。

（四）充分利用三明客家文化资源，带动旅游开发

传说中的葛藤坑在现实中被认为是宁化县石壁村，从宣传地方文化品牌的思路出发，影视的拍摄首先在宁化县和三明市取景。其中主要拍摄地点有宁化县境内的石壁镇陂下村、安远乡岩前村，泰宁县境内的泰宁世界地质公园和保持原始生态的上清溪，还有大田县境内的安良堡。影视的拍摄促进了这些地方旅游业的发展。其中，月亮湾影视基地是2012年三明市举办第25届世界客属恳亲大会的重要展示项目，总体规划占地3 800亩，规划投资6亿元人民币，分三期建设影视基地、自然景观区、客家生态园林区、客家度假区、客家生态养生区、客家会馆区、客家民俗文化体验区等，其中的影视基地新建适应剧情需要的客家早期竹木楼民居20多栋，吸引了大批游客，至今络绎不绝。有关唐代宫廷的镜头则在浙江横店影视城拍摄。

（五）以葛藤为意象进行系列文化产品创作

三明市充分利用三明学院美术和动画艺术创作专业的优势，创作"葛藤娃"卡通形象，并传播为三明客家标识。近几年，"葛藤娃"形象在"世界客属石壁祖地祭祖大典""海峡两岸林业博览会""6·18中国·海峡项目成果交易会"等重要展会和场所多次展示。2012年，"葛藤娃"作为第25届世界客属恳亲大会的吉祥物雕塑形象，在三明市区和各县落成，其他含有葛藤元素的形象标识也在三明各地广泛展示，甚至在2012年三明市学生中考统考试卷中，有一道题要求学生对"葛藤娃·阿明"进行阐

---

① 大卫·赫斯蒙德夫著，张菲娜译：《文化产业》，北京：中国人民大学出版社，2007年，第61－62页。

释。此外，三明市大力进行葛藤坑传说创意的影视作品的宣传活动，2012年3月《葛藤凹》拍摄开机后，作为文化创意方面的宣传造势活动接连不断，全国不少重要媒体支持了三明市的文化创意活动。

二、从文化创意活动反思客家地区文化创意产业

笔者将三明市和宁化县对葛藤坑的文化创意界定为一项创意活动，是因为它还不是地方文化创意产业的一项内容，它对客家地区文化创意产业兴起和发展并未起到先导、示范和推进作用，不具有可持续发展性。2012年10月第25届世客会结束后，虽然还有电视连续剧《大南迁》的制作及其在2014年的播出，但是，它作为一个文化创意活动早已结束，项目组偃旗息鼓。由此可见，中国大陆客家地区以客家文化为内涵的文化创意产业并未实际兴起，主要问题在于：

（一）地方政府对文化创意产业的主导、扶植不到位

文化创意产业兴起于英国，我国台湾地区在20世纪末期的产业结构调整中开始大力发展文化创意产业。2002年，台湾经济事务主管部门工业局借鉴英国经验，制定文化创意产业发展规划，将文化创意产业定义为"源自于创意或文化积累，通过智慧财产的形式与运用，具有创造财富与机会潜力，并促进整体生活提升之行业，包括视觉艺术产业、音乐与表演艺术产业、文化展演设施产业、工艺产业、电影产业、广播电视产业、出版产业、广告产业、设计产业、设计品牌时尚产业、建筑设计产业、创意生活产业、数字休闲娱乐产业等"。中国大陆的文化创意产业以北京发展得最早和最快，但是也较台湾滞后。2006年，北京市统计局颁发了《北京市文化创意产业分类标准》，在国内首先将"文化创意产业"作为国民经济行业的一类，并以2006年为文化创意产业的统计元年。北京市统计局对文化创意产业的定义是："以创作、创造、创新为根本手段，以文化内容和创意成果为核心价值，以知识产权实现或消费为交易特征，为社会公众提供文化体验的具有内在联系的行业集群。"其外延包括文化艺术，新闻出版，广播、电视和电影，软件、网络及计算机服务，广告会展，艺术品交易，设计服务，旅游、休闲娱乐，其他辅助服务。其核心为文化与经济融合、文化与科技融合，本质是使文化活动产业化，为推动经济增长提供新动力。[1]

---

[1]　北京市统计局：《北京市文化创意产业分类标准》，北京：北京市统计局，2006年。

　　当今，文化创意产业经验交流是海峡两岸经济文化交流的重要内容，台湾地区有很多值得借鉴的经验，尤其是其相关部门对发展文化创意产业的主导、引导和扶植的做法和经验。2002—2007年是台湾文化创意产业兴起和发展的第一大阶段。2008—2011年进一步发展，台湾经济事务主管部门，"新闻局""文建会"等实施专门的后续推进计划，其中有台湾经济事务主管部门的"设计产业翱翔计划"，"新闻局"的"振兴流行文化产业方案"，"文建会"的"文化创意产业发展第二期计划"等，并且形成跨机构的联动机制、人才培育机制、行政协助机制、相关规定调控机制等。在文化创意产业具有一定基础后，相关部门将"补助"转变为"辅导"，但补助仍然是台湾当局推动文化创意产业发展的重要手段。① 中国大陆的文化创意产业的兴起略迟于台湾地区五年左右，并且，主要是在北京、上海等特大城市兴起和发展，各内陆省份，尤其是经济欠发达的市县远远还没有真正启动文化创意产业，地方政府未能像台湾地区那样，将文化创意产业真正纳入产业调整和发展的总体规划并组织实施。从闽粤赣客家地区来看，虽然也开始发展文化创意产业，但主要是单项的"项目"或"活动"，范围狭隘。在闽粤赣客家地区，梅州市是客家文化创意比较活跃的地区，2012年梅州市提出"设计在客都"的文化创意发展战略，成立了客家文化创意产业协会。2013年12月举办"客家文化创意产品博览会"，有5个国家、地区及国内的130多家客家文化创意企业参加展览展演，内容包括展览、影视、研讨、比赛、演艺五大板块20多项。这是中国大陆客家地区文化创意产业得到重视的集中表现，但是，总体上，闽粤赣客家地区地方政府的规划、引导和扶植都还很不够。主要开展的是与发展文化创意产业相去甚远的项目式、活动式文化创意，如福建省近几年实施的"客家祖地生态文化保护与建设十大项目"② 就是明显的项目式文化创意。一个"项目"只是"产业"中无数独立的内容之一，三明市和宁化县对葛藤坑传说的影视文化创意也是一种项目式的文化创意活动，项目完成之后活动也就结束了，并未通过活动推动文化创意产业的兴起。客家地区文化创意产业难以发展的客观原因是人才、艺术、科技、资金、市场等因素严重欠缺，主观原因是地方政府对文化创意产业的主导、扶植很不够，或者政府包揽，而包揽只能做到项目或活动这一层次，远远不能启动文化创意这个内涵极其丰富复杂的产业。

---

　　①　陈伯礼、高长思、徐信贵：《台湾的文化创意产业营造及其启示》，《华东经济管理》2011年第11期，第105页。

　　②　其项目的提法"生态文化"应为"文化生态"。

（二）文化创意产业的人才匮乏

发展文化创意产业首当其冲的是人才问题，必须有创意人才、管理人才和营销人才。这三类人才客家地区都很匮乏，尤其是高端创意人才。要把文化创意人才的培养作为客家地区发展文化创意产业的战略问题高度重视。英国最早在高等教育中设置文化创意课程，而且向全世界提供教育培训，台湾地区直接受益于英国的文化创意教育。在我国大陆，高等教育的学科专业设置有严格的行政审批程序，较为僵化，文化创意专业设置极少。从闽粤赣三省客家地区来看，虽然有一批地方高等院校和科研、艺术机构，但是还没有真正进行文化创意人才培养的学科专业建设，而是附属于其他学科专业，严重边缘化，或者缺位。从客家研究机构自身来看，比较偏重于理论性、历史性的问题研究，对于客家文化产业（包括文化创意产业）等实业性的研究很不够。从客家地区的地方政府来看，未将客家研究和人才培养作为议事日程安排，习惯于用活动式、中心工作式、项目式的模式对待客家工作，而不是将它作为地方事业，几乎不考虑文化创意产业的人才培养问题。因此，作为项目式、活动式、临时性的中心工作式的客家工作，譬如三明市对葛藤坑传说的文化创意活动，各地举办世界客属恳亲大会等都是成功的，但不是文化创意产业链条的个案。就葛藤坑传说的影视创意而言，长达30万字的文学剧本居然出自年逾七十的宁化客家研究学者刘善群先生之手，而且全凭个人对客家研究的执着和兴趣，影视脚本全靠外地剧作家（山西省太原市艺术研究所赵爱斌先生）二度创作。对于葛藤坑传说的其他形象创意，主要是三明学院下属的艺术学院、动漫学院师生的业余创作。如此单项的文化创意都存在本地人才难觅问题，发展文化创意产业则必然受到人才瓶颈的制约。为此，地方政府应该把客家地区文化创意产业人才培养作为战略问题高度重视，统筹规划。各高校则要主动设置文化创意专业或课程，整合人文艺术、管理学、经济学、营销学、工程学等与创意相关的学科和课程，各客家研究机构对于文化创意产业的发展规律、产业要素、知识产权等核心问题应加强研究，并参与创意和发展产业的实践。

（三）企业和社会缺乏对文化创意产业的参与

文化创意产业是市场化的产业，企业和资金是不可缺的重要因素，需要企业和社会的投资和参与。台湾地区文化创意产业的发展的重要经验是："政府是产业发展政策的制定者，企业等经济组织则是产业发展政策的执行者","产业发展的关键在于政府与企业等经济组织的互动与协力合作","台湾的行政部门积极地为文化创意产业培育人才、提供资金、技术支持、租税优惠,设置文化创意园区和文化展演设施,筑巢引凤。通过各种产官学政的交流和互动,形成生产、营销、研发等不同网络来促进文化创意产业发展"①。动员企业和社会共同发展文化创意产业,其参与和融资都需要有社会中介组织来进行,如台湾的社会中介机构民间艺术经纪公司,2008 年在"文建会"的支持下,引进米勒、毕沙罗展,分别于历史博物馆、台北故宫博物院展出,创造了很大的经济效益。在葛藤坑传说的影视文化创意中,却只有"项目组"这种隶属于政府的临时性的引资机构。社会中介组织是一种长期性的社会组织,各类中介组织具有很强的专业性,对文化创意的融资、运作、评估等都有自己的计划,而项目组一类的机构则是短期的、临时功利性的,项目完结即解散,很难对地方文化创意产业的发展发挥长期的专业的作用。综上所述,在客家地区发展文化创意产业需要从认识上、发展战略上解决很多问题,"看起来热闹""看完后萧条"的一般文化创意活动不是文化创意产业。

---

① 陈伯礼、高长思、徐信贵:《台湾的文化创意产业营造及其启示》,《华东经济管理》2011 年第 11 期,第 103 - 105 页。

乡愁中的客家文化寻根路

——以成都洛带古镇为例

张海熔[①]

　　乡愁是什么？乡愁是"偶闲也作登楼望，万户千灯不是家"；乡愁是"日暮乡关何处是，烟波江上使人愁"。乡愁在哪里？乡愁在暮霭中黄泥墙茅草顶上那一缕炊烟之中，在堂屋中祭奠先祖的那一块牌匾之上。2015年初，百集大型纪录片《记住乡愁》以温婉的镜头讲述了在村落传承了千百年的乡土故事，那些隐藏在农家楹联、祖训家谱中蕴含了老祖宗智慧的故事，触动了深藏在亿万中华儿女心灵深处的那抹乡土情怀。

　　客家是一支"在路上"的汉族民系，从中原到岭南，从岭南到四川，日久他乡即故乡，乡愁是客家人与生俱来的"胞衣迹"，是"此隔川中千万里，天涯盼断泪满衫"的守望牵挂，是"百年过半洲游四，留得家园五十春"的归家欣喜。

　　洛带位于成都东郊，是成都东山客家核心聚居区。2005年洛带作为核心会场成功承办了国际客家学术盛会——世界客属第20届恳亲大会，由此实现华丽转身，从蓉城东郊的乡野小镇一跃成为享誉国内外的"中国西部客家第一镇"之中国历史文化名镇，继而被评为国家AAAA级旅游景区，成为客家文化产业发展的典范。随后客家文化在洛带旅游营销宣传中有所沉寂，但是正如坚毅顽强的客家人一样，客家文化像寒冬中的腊梅不屈不挠、逆势生长，给洛带带来了更大的信心和温暖，客家文化依然是洛带旅游发展新常态下经济增长的引擎。正如上海社科院研究员马驰所说，传统

[①]　张海熔，成都洛带客家文化研究院副院长。

074

文化的传承不能依靠空洞的说教或者刻意的灌输，而是需要润物细无声的渗透，历经百年积淀。洛带的一山一水、一草一木、一虫一鸟、一星一月、一寒一暑、一时一俗、一丝一缕、一饮一啜已经镌刻了客家文化的精髓，渗透了客家人的灵魂，融入了客家人的喜怒哀乐，时时散发着客家人的柔情与和睦。借势"建设优秀传统文化传承体系，弘扬中华优秀传统文化"之东风，客家文化再次迎来发展的春天。

一、客家乡愁落地生根

近年来，由于城镇化的快速发展和城市规模的不断扩大，大量传统村落连同其所承载的历史在推土机的铁铲之下轰然倒塌。以笔者就职的洛带镇为例，在富民惠民生态移民工程中，洛带客家人再次离开世代祖居之地，举村搬迁城市，成为新市民。许多客家传统村落人去房空，成为名副其实的"空心村""空壳村"，村落无人管护，房屋年久失修，不可抗拒的自然灾害更加速了这些客家传统村落的颓废衰败。这些承载着客家记忆的传统村落的消失，不仅意味着乡村田园风景、客家人文内涵面临危险，更意味着与之共生的客家传统习俗和生活方式面临湮灭，世代积淀的文脉便这样活生生地被斩断。

可喜的是，十八大以来，全国各地为加强传统村落保护，实现传统村落可持续发展做了大量积极有益的探索。2013 年中央农村工作会议提出："农村是我国传统文明的发源地，乡土文化的根不能断，农村不能成为荒芜的农村、留守的农村、记忆中的故园。"2014 年 4 月，住房和城乡建设部、文化部、国家文物局、财政部四部委出台《关于切实加强中国传统村落保护的指导意见》；同月，中央财政专项扶持传统村落保护。2014 年 11 月，中国传统村落文化遗产保护高峰论坛在福建宁德屏南举行。2014 年 12 月，全国政协召开双周协商座谈会，各行业名家齐聚一堂，就"城镇化进程中传统村落保护"的问题提出建议和意见。对传统村落保护从漠视到重视，从过去任其消失到如今抢救性保护，越来越成为社会关注的焦点。

洛带古镇牢牢抓住历史机遇，盘清镇域内传统村落"文化家底"，为传统村落"建档立户"，建立科学保护体系、制定合理保护标准，建立监督机制和立法，对传统村落进行有效规划。为进一步丰富洛带古镇精品旅游线路和特色旅游产品，以客家文化为灵魂，以创建 AAAAA 级旅游景区为契机，以国家旅游局提出的"515"战略中"因地制宜发展不同特色的乡村旅游"为指导，经过层层筛选、严格论证，以纯客家村落——宝胜村为客家文化乡愁工程基地，规划发展客家乡村旅游，践行中国乡村建设规划设计院提出的"我村我素、我村我品、我村我业、我村我家、我村我根"规划理念，打造有品位、品格、品质、品牌的优质客家乡村旅游，实现生态、生产、生活"三生"共赢。

乡村旅游，从旅游者角度来说是回家，头上一抹蓝天，脚下一湾绿水，倚杖柴门，迎头看麦浪翻滚，临风听燕语呢喃。从政府角度来说是新农村建设，进行农村产业结构调整，让更多的绿水青山变成"金山银山"，为广大群众谋福祉。从群众角度来说是改善生产生活条件，提高生活幸福指数。洛带政府合理调配资源，通过学者专业论证、媒体正确引导、企业投入资金、村民积极参与多方联动协作的方式，为宝胜客家乡村旅游探索一条最优质的发展道路，让游客在西蜀之地也能"赏客家景、采客家风、吃客家饭，住客家屋、干客家活、享客家乐"。

（一）原生建筑与物件

客家先祖自落业宝胜，祖祖辈辈便根植在这片土地上，一砖一瓦、一石一木、一门一户都融化在客家人百年悲欢离合的生活之中。在乡村旅游规划建设中：一是保护刘家祠堂、桃花寺等百年原生客家传统建筑，并对部分不符合客家风貌的民居"穿衣戴帽"，扶持改造。二是以"无意为园而适成之"为理念，新建建筑与田园风光相映成趣，恰到好处，让城市文明与农耕文明交替迭现，既满足游客回归自然的田园兴趣，又不破坏客家原住民生活格局。现代生活设施齐备的土坯墙茅草屋散落田间，夯土裂纹，就像从土里生长出来的房子；竹制围栏，清新古朴；屋前果树随风舒展，屋后菜地青翠如碧，泥土清香扑面而来，还有黄泥墙上的红辣椒、玉米棒，轻柔地撩拨着人们记忆深处的故乡情愫。三是保存道口、塘堰、古树、古井、石磨、翘扁担、鸡公车、尖底背篓、牲畜食槽等原生老物件，让这些见证客家百年发展历程的物件成为历史的讲述者。

（二）传统与观光农业

客家人世代耕读传家，重视农业生产，因此传统农业包含着众多客家传统文化基因，是解读客家的关键所在。一是积极扶持客家原住民保留原有的传统农业生产方式，客家人挥舞农具劳作时即兴而唱的客家山歌是最动听的"客家声音"。二是在客家"茅草屋"周围预留空地，游客认领耕种"色彩田"，观赏乡村四季缤纷的"客家颜色"，体验"日出而作，日落而息"的传统农耕生活。三是以中法葡萄生态园为依托，大力发展枇杷、草莓、桃梨等果园农场，配套古朴特色的客家农庄，游客不仅能够观赏大自然赠予的美景，还能在农庄体验客家人原汁原味的生活，看到客家妇女身系围裙"家头教尾、田头地尾、灶头锅尾、针头线尾"乐此不疲的勤劳身影。

（三）传统习俗与技艺

乡村蕴藏的非物质文化遗产是一个巨大的科学技术和文学艺术宝库。一是洛带客家文化研究院逐村开展实地调查寻访，深入挖掘、整理、展现客家婚丧嫁娶、岁时节庆、各式神会等传统习俗，以纸质、音频、录影等方式使其传承下去，润心育人，泽被后世。二是青砖铺地、原木筑廊的手工作坊凝聚了客家人古老的传统工艺，油坊、磨坊、酱园坊、豆腐坊等特色作坊的传统美食，让游客身临其境体验浓郁的客家民风民俗和饮食文化，享受回归传统生活的自然情趣。

（四）乡村自治

客家人聚族而居，建立了以祠堂和族谱为载体，以道德监督和制约为核心的宗族自治体系，维护家族秩序，促进家族发展。乡村自治以此为借鉴，推选村中具有一定文化、德高望重的老人组成民间志愿团队，宣传劝诫，扭转民众淡薄意识，增强其保护老祖宗留下来的文化遗产的责任意识。客家人在颠沛流离、创业治家的历程中，形成了忠厚热诚、邻里守望的优良传统，"肯与邻翁相对饮，隔篱呼取尽余杯"的邻里亲情是一种巨大的"家园红利"，其根植力、凝聚力、向心力和归属感一方面使乡村人们不会因外界优厚的福利而轻易离开家园，另一方面能让游客在远离都市喧嚣的这片静美之地感受客家人桥上井边、田塍篱角相见时那份满满的温情。

台湾学者蒋勋说过："生活的美学是对过去旧有延续下来的秩序有一种尊重，如果这种尊重消失了，人活着再富有，也会对所拥有的东西没有安全感。"发展乡村旅游从本质来说，其实就是挖掘民俗民风、古老技艺等特色地域资源，营造山水乡愁之美，构建乡村生产生活之美。当然，乡村旅游不仅是做好观光农业、休闲农业和体验农业等产品，还要打造养生农业和生命农业这两类深层次的乡愁产品。这些丰富多彩的乡村旅游产品，既能满足城市人身心需求，又能让农民就地就业、农产品就地增值、农俗就地传承、农业就地转型，实现城市游客和农村村民双赢的幸福生活。

此外，洛带政府广泛凝聚各方力量，积极恢复洛带客家公园、老街七巷、客家国学大师王叔岷故居等客家历史文化古迹；规划修建客家国学大师王叔岷陈列馆，深度挖掘客家文化资源。旅游需求无止境，为适应市场多样化、多层次需求，洛带政府依据客家文化结合新的旅游六要素，融入新兴商业模式，开发养生旅游、研学旅游、休闲旅游、露营旅游等新业态旅游产品，以此推动洛带企业资源整合和品牌构建，促进旅游基础设施升级，延伸旅游产业链，形成现代旅游产业集群，创建一批具有国际影响力的旅游品牌，为洛带古镇创建 AAAAA 级旅游景区助力。

二、客家乡愁生出灵魂

在一部名叫《柠檬树》的以色列电影中，巴勒斯坦果园女主人萨玛为了保护自己的果树，将职居以色列国防部长的新邻居告上法庭，尽管当局愿意支付足额的补偿，但是这些镌刻了自己的记忆，同时又见证了她与父亲幸福生活的柠檬树是任何钱财都无法补偿的。洛带三峨山上的百年红豆林，承载着客家人 5 000 余里之外的乡愁情思，客家国学大师王叔岷作《红豆》诗："一钩残月忆当时，忽听乡音话别离。柳絮沾泥飞不起，漫将红豆寄相思。"无论是萨玛的柠檬树还是洛带客家人的红豆林，乡愁落地生根，生出了灵魂，融入浩荡血脉之中。乡愁蕴含着客家子孙生生不息的文化密码，凸显了客家文化基因蕴含的醇厚底气。

"墨洒云峰润春色，风过洛带闻书香"，这一方历史文化遗产丰厚的水土，滋养了客家人厚重的文化根脉。洛带人以客家文化为底色，建构了"草灌乔"的城市文化生态，精英文化与大众文化、草根文化，现代文明与古老传统，"阳春白雪"与"下里巴人"共融发展。

多元文化沉淀客家乡愁。随着中法文化产业园项目的快速推进，洛带古镇正焕发出大文化产业格局。2015 年 5 月，集林演艺镇入驻洛带，江西会馆、广东会馆、土楼剧场、梅林剧场、竹林剧场、松林剧场等十大剧场精彩节目隆重上演，异域文化与客家文化碰撞交融，为广大游客带来文化盛宴。洛带客家艺术团、洛带博物馆聚落群以及被誉为"中国最美乡村图书馆"的龙泉图书馆洛带分馆更是广大群众的精神栖居之所，沉淀了客家乡愁，展现了洛带人的活力和精气神。

文学著作凝练客家乡愁。乡愁是历代文人墨客笔下永恒的主题，台湾诗人余光中的《乡愁》，安慰了我们困惑的灵魂和焦灼的心灵，温暖了我们枯竭的生命和空荡的精神，升华为中华民族共同的乡愁。"流年逝水倦游身，万里家山入梦频。"客家国学大师王叔岷著《慕庐忆往》以疏解厚重的思乡之愁，离开洛带长达 55 年之后回归故里，长眠故地。2014 年，由中国社会科学院创新工程学术出版项目资助、"十二五"国家重点图书出版项目资助，理文脉化乡愁之作《洛带史话》由社会科学文献出版社出版发行。继《滚滚血脉》之后，龙泉驿知名本土作家魏平再以20世纪50年代发生在洛带的"三三叛乱"为素材，创作了长篇历史小说《甑子场》，2014年12月，"为人民抒写·洛带行"文学名家采风暨长篇小说《甑子场》学术研讨会在洛带隆重召开。方寸文字间保存了那些悲欢离合的客家记忆，凝练了客家乡愁。

学术智库升华客家乡愁。洛带客家文化研究院致力于对民间口头文学、民间记忆、乡规民俗、地方精神等扎根于村落、保存了最纯地域性的传统文化进行抢救性发掘、保护，通过撰写村志村史以及邀请名家做客客家文化讲堂，宣讲弘扬传承客家文化。此外，洛带客家文化研究院加强与四川客家研究中心、成都大学旅游发展学院等科研团队的文化合作，努力践行"文化兴镇·产业强镇"的镇域发展战略，升华了客家乡愁。

三、结语

"昔有鹦鹉飞集陀山，乃山中大火，鹦鹉遥见，入水濡羽，飞而洒之。天神言：尔虽有志意，何足云也？对曰：常侨居是山，不忍见耳！天神嘉感，即为灭火。"笔者虽非客家人，但结缘客家，走进洛带，热爱洛带，洛带就是笔者的陀山。"我若生来有用，必为有缘地而来"，置身在这个历经沧桑，却依然温润祥福的千年古镇，笔者愿意倾尽时光，用对文化充满敬意的双手"爬梳文献"；用对先辈充满敬意的丹愚"提着笔杆"，守护远离客家祖地，偏隅西蜀的这一方客家文化沃土。

关于客家文化资源保护与开发利用的思考

罗　勇①

一、引言

20世纪80年代以来，随着中国改革开放的推进，海内外兴起了客家文化热潮。客家地区在对客家文化资源进行广泛调查研究的基础上，相继提出了对客家文化资源进行保护和开发利用的一系列举措，促进了客家文化产业的发展，形成了多种形式的客家文化旅游项目与线路，涌现出了赣闽粤"千里客家文化长廊"、西部客家第一镇"洛带"、台湾桐花祭等客家文化旅游与文化产业品牌。

然而，随着现代化进程的加快，客家地区的文化生态环境正发生急剧变化，呈现出令人担忧的状况。如许多传统民间技艺、民间知识濒临失传；民间音乐、传统戏剧、曲艺的传唱范围越来越小；许多民俗活动正在失去其本真性；一些非物质文化遗产项目传承人年事已高，后继乏人，特别是缺乏群体性传承人；作为非物质文化遗产载体的文化空间如古村、古寺庙、古祠堂和自然生态环境也陷入了颓败的困境，失去原有的风貌。所有这些都在警示我们：对客家文化资源的保护刻不容缓！

那么，如何对客家文化资源进行有效的保护、如何科学地开发利用？保护和开发利用两者的关系如何处理？这是客家地区官方和民间需要共同面对的问题。本文拟对上述问题展开探讨，并提出对策性的建议。

---

① 罗勇，赣南师范大学教授。

二、近年客家文化产业发展之反思

（一）发展概况

1. 客家文化与旅游

客家地区有着丰富的旅游资源，许多景点在古代就颇有知名度，如赣州八境台、郁孤台、通天岩、梅关古驿道，连城冠豸山，韶关丹霞山、南华寺，梅州灵光寺、千佛塔，龙川佗城等。这些景点名胜吸引着八方游客，许多文人墨客为它们留下了千古名篇。

然而，客家地区真正意义上的现代旅游始于20世纪80年代，其中最重要的形式是漂泊在海外的客家人回乡省亲的寻根游和探亲游。此后通天岩、丹霞山、南华寺等名胜开始了有目的的旅游开发，旅游产业在20世纪90年代后进入了大发展时期。但是，以客家文化资源为基础，并以"客家牌"为品牌的旅游形式则起步较晚。进入21世纪以来，各地客家文化旅游进入了快车道，主要表现在各地客家旅游景点的迅速开发，以及地区间文化旅游线路的整合，最为典型的就是赣闽粤"千里客家文化长廊"的打造。

作为"世界客都"和"客家侨乡"，梅州的客家文化旅游起步较早，但初期由于交通等原因，发展较为缓慢。20世纪90年代中后期，梅州旅游进入一个新的时期，其标志就是雁南飞茶田度假村的开发。

雁南飞茶田度假村位于梅州市以东40公里处，是由广东宝丽华集团公司于1995年1月投资开发的，占地总面积4.5平方公里，1997年10月8日对外营业。度假村背靠阴那山省级风景名胜区。多年来，雁南飞以客家农耕文化、茶文化、建筑文化和民俗文化为资源，形成了一个融茶叶生产、生态公益林改造、园林绿化、旅游观光、度假于一体的生态农业示范基地和旅游度假村。不少党和国家领导人先后亲临雁南飞茶田视察，对雁南飞茶田走农业与旅游相结合的开发模式给予高度评价。度假村先后荣获国家5A级旅游景区、全国农业旅游示范点、全国三高农业标准化示范区、全国青年文明号。以客家围龙屋为文化符号的围龙大酒店建筑工艺精湛，2005年荣获建设部授予的"鲁班奖"。可以说，雁南飞所体现的是传统与现代的结合，富有创意，在客家文化产业，特别是文化旅游业中堪称典范。

赣州客家文化旅游的大发展应归因于第19届世界客属恳亲大会的召开。赣州市政府于2002年开始启动世客会的筹备工作，世客会给赣州的旅游发展带来了新的契机。赣州市政府 2003 年将旅游业列为重要支柱产业来培育，① 大批客家文化景区兴起，如五龙客家风情园、赣县客家文化城与白鹭古村、龙南围屋等。游客接待量从 2003 年的 382.45 万人次增长到 2006 年的 698.69 万人次，在星级酒店大为增加的情况下，入住率也从不足 60% 增至 77% 以上。②

闽西客家文化旅游开发也相对较早，以有"土楼王子"之称的振成楼为例，早在 1984 年，就时有游人观光，楼主开始向游客收取少量参观费。但相对正式的旅游开发始于 1995 年的第一届土楼文化节之后，更多的游客进入土楼，政府与村民都加入旅游开发中。可以说，土楼的旅游开发在很大程度上代表了闽西地区的客家文化旅游发展状况。

土楼的开发分为三个阶段：

一是当地旅游部门自行开发阶段（1995—1999）。开发的景点以振成楼为主。本阶段为自发性的起步阶段，文化资源未真正开发，没有主动的市场营销，缺乏影响，游客量少。

二是政府加大开发力度，并制定旅游规划，以方圆旅游公司为代表的民营企业加入土楼开发阶段（2000—2008）。方圆旅游公司承包了下洋镇初溪和中川土楼群的开发，开始了对土楼、民俗节庆、山歌等客家文化资源的开发，形成了一些初级的文化旅游产品，对外积极营销，游客迅速增多，其中以广东游客为主。在方圆旅游公司的带动下，湖坑振成楼扩大了开发范围，在 2000 年制定的《福建永定客家土楼民俗文化村详细规划》的基础上开发了客家土楼民俗文化村。2000 年 11 月，由永定籍著名女指挥家郑小瑛指挥、厦门爱乐乐团演奏的交响乐《土楼回响》在湖坑振成楼成功演出，之后又多次在此演出，产生了巨大影响。

三是申遗成功后，为保护世界遗产，政府按有关规定收回土楼开发权，成立永定客家土楼开发公司进行开发经营阶段（2008 年至今）。申遗成功所带来的宣传效应使得游客量成倍增加。2008 年 1—10 月，永定县共接待国内外游客 113 万人次，同比增长 34%，旅游总收入 4.114 亿元，同比增长 40%；接待境外游客 2.53 万人次，同比增长 63%，旅游创汇 4 092 万元，同比增长 61%。接待国内外游客首次突破 100 万人次。

近年来，永定土楼通过旅游开发与推广、申报各级文化保护单位与世界文化遗产项目，借助客家节庆和音乐、影视、广告等渠道传播土楼文

---

① 资料来源于 2003 年赣州市政府工作报告。

② 数据来源于 2003 年和 2006 年赣州市政府工作报告，2006 年数据为市政府在 12 月时的预计数。

化，建立起了土楼文化产业的品牌，这种品牌影响力正在不断增强。

赣闽粤边各地政府于 2000 年前后将旅游业列为当地的支柱产业，以客家文化资源为基础的文化旅游成为其重要或主要部分。各地相继打出"客家牌"以吸引游人，如赣州的"客家摇篮"、闽西的"客家祖地"和梅州的"世界客都"以及近年来河源提出的"客家古邑"。一批客家文化景区相继开发出来。如宁化客家祖地和客家文化园，长汀客家母亲河，河源苏家围客家乡村旅游区、永定土楼群旅游区、梅州雁南飞和客天下旅游景区，韶关东湖坪民俗文化村，赣州五龙客家风情园、赣县客家文化城等，成为其中的代表，取得了一定的社会效益、经济效益和环境效益。在此基础上，赣闽粤三省旅游部门联合提出打造"千里客家文化长廊"的发展战略，将赣南、闽西和粤东的客家文化旅游资源进行整合，连成一线，以此强化区域合作，增强客家文化旅游的整体竞争力。

2. 客家文化的产业化

在客家地区，世客会、客家文化节等会议节庆活动成为文化产业的先锋，由此拉动的产业链条有媒体、广告、酒店、餐饮、景区、娱乐、文化纪念品和商贸等，形成综合性的文化产业集群。

节庆活动以世界客属恳亲大会为代表。1971 年 9 月 28 日，第 1 届世界客属恳亲大会在香港召开。此后，每隔两年（后改为隔一年）轮流在世界各地有关城市举办。中国大陆最早举办世客会的是梅州，为 1992 年，后在龙岩、赣州、郑州、成都、西安、河源、北海、三明、开封等地相继举办。在中国大陆所办的每一次世客会，除大型文艺晚会、各种民俗展演、品尝客家美食等活动外，还伴有招商引资和旅游推介等活动，颇有"文化搭台，经济唱戏"的味道。[①] 然而，正是在这样一种活动的带动下，客家饮食、文化旅游、出版物、艺术演出、广告传播和地方特产及文化产品等产业有了一定的发展。如在 20 世纪 90 年代末期以前，赣州客家地区的自我认同度很低，[②] 后来由于政府与学界对客家文化的不断宣传与推动，赣州客家人的自我认同得到了很快提高，并在世客会前后达到了高峰。在这种形势下，广告行业以客家文化为符号，在广告策划、设计上大量加入客家文化元素，由此推动了客家文化在广告行业的产业化。其他行业中的"客家"元素及相关产品也如雨后春笋般涌现。

---

① ZHOU J X. Hakka ethnic group identity and cultural production: an anthropologicanlysis about the world Hakka conference. Chinese sociology & anthropology, 2007, 40（1）.

② 黄志繁：《建构的"客家"与区域社会史：关于赣南客家研究的思考》，《赣南师范学院学报》2007 年第 4 期，第 7 – 12 页。

由于世客会的成功示范，各客家地区又相继举办客家文化节等地域性的客家文化活动，如博白客家文化节、赣州客家文化饮食节、赣县中国客家恳亲大会、河源中国首届客家文化节等。2009 年，在梅州举行的"首届世界客商大会"，则开创了客家文化节庆类产品的另一种形式。

客家文化节庆与旅游互动性强，前者为后者打响品牌，吸引客源，后者为前者提供丰富的文化和活动内容，两者共同推动了客家文化的产业进程，成为客家文化产业化的两张王牌。

节庆与旅游开发的双管齐下，使客家文化资源得以不断开发，产生了不少文化创造，世客会就是其中的典型。在其他行业，客家文化的产业化进程也在兴起，其中值得一提的是著名客家交响乐——《土楼回响》的创意与运作。

《土楼回响》是作曲家刘湲受中国第一位女交响乐指挥家、闽西客家籍音乐家郑小瑛之邀创作的交响诗篇。这是一部反映客家人团结奋斗、顽强拼搏、求生图存、开拓发展和客家人性格的宏伟壮丽的历史诗篇。交响乐把客家山歌音乐融入其中，贯穿全曲五个乐章的两个音乐主题都出自客家山歌，分别为四、五度两个音不变的"新打梭镖"号子主题和"唔怕山高水又深"的山歌主题。全曲共分劳动号子、海上之舟、土楼夜语、硕斧开天、客家之歌五个乐章。厦门爱乐乐团用市场化的模式对《土楼回响》进行了成功运作，先是获得了首届中国音乐"金钟奖"金奖，后在永定土楼代表——振成楼内演出，反响强烈；而后又在惠州、深圳、河源、台湾客家地区和国家大剧院，以及美国、日本等国演出，获得巨大成功，成为客家文化与当代音乐结合的经典之作。《土楼回响》在自身获得经济和社会效益的同时，对客家土楼文化的传播功不可没。

在中国大陆客家文化产业化的过程中，政府通过产业计划、政策扶持等方式引导和支持客家文化产业化，对大部分产业的起步和发展起着主导作用。而企业则是产业化的主体，承担着客家文化产业的主要市场运营任务，也是未来客家文化产业市场的主角。值得一提的是客家社团组织，如崇正会、各地客家联谊会和其他社会文化团体，他们以族群生存发展为目标，推进客家文化产业化的发展，这是客家族群所特有的文化产业现象。

相对于中国大陆客家地区，台湾客家文化资源相对缺乏，但在政府和民间的共同推动下，台湾客家地区以文化创意为核心，大力推动文化市场化进程，走出了一条成功之路。受英国、美国、日本、韩国和中国香港地区的创意产业（文化产业）的触动，2002 年，台湾地区行政管理机构提出文化创意产业发展计划，将"文化创意产业"列入台湾地区重点发展计划中。① "客家委员会"（简称"客委会"）针对客家文化的急速流失，客家地区的人口外移和城乡差距加大及客家地区产业的空洞与失业等问题，提出了提升客家族群与客庄全面发展的文化创意产业赋权政策与计划。其中执行最具规模且推动较具成效的当属客家桐花祭。

台湾客家地区 20 世纪 70 年代遍种桐花，桐子及其产品成为当地客家人的重要产业及收入来源。"客委会"注意到了客家地区漫山遍野的雪白桐花和富有特色的客家文化，于是"启蒙于日本的樱花祭，希望透过油桐花祭典，能够吸引游客，分享和感受客家之美"②，联合台湾多个客家县市推出了"客家桐花祭"这个文化产业项目，以复兴客家族群文化，培育新产业，带动地区经济发展，增加就业。2002 年"客家桐花祭"一推出，就受到了岛内的热捧，2003 年桐花祭相关活动更是汇聚了 18 万人潮，2004 年举办 600 多场客家文化活动，活络数十个客家乡镇，带动了 35 亿（新台币）以上产值。2005 年一共有 108 个客家文化团体，超过 50 个乡镇的热情参与，北埔、桃园、新竹、苗栗、台中、南投六县市的通力合作，伴随满山桐花而来，有接近千场的人文、旅游活动，把客家生活文化、文学、诗歌、音乐、舞蹈、工艺等在各地蔓延铺陈开来，而客家电视台及其他媒体热播的客家电视剧《寒夜三部曲》《桐花之恋》等，更是带动了一片桐花热、客家热。桐花祭已不只是每年可预期的一场客家文化盛宴，它已经温柔地形塑了客家族群共同的客家记忆，可以说是族群"和谐共生"最美丽的诠释。经过几年的经营，"客家桐花祭"得到的回响，已不再只局限于岛内，各地客家反响也很强烈。自"客家桐花祭"筹备以来，已陆续接获洛杉矶、大洋洲、日本等国家和地区华侨的询问，并表达出强烈的参与意愿。

总之，无论大陆还是台湾，近年来在客家文化资源的开发利用方面均取得了不小的成绩，客家文化产业呈良好的发展态势，各地也积累了许多经验教训，为客家文化资源的进一步开发利用提供了有益的借鉴。

（二）问题分析

如上所述，近年来中国大陆在客家文化资源开发利用方面取得了一定

---

① 俞龙通、洪显政：《赋权政策与族群发展——以客家桐花祭为例》，族群、历史与文化亚洲联合论坛：人物与地域研究国际学术研讨会，2006 年。

② 俞龙通：《文化创意 客家魅力：客家文化创意产业观点、策略与案例》，台北：师大书苑有限公司，2008 年。

的成效，但仍存在以下几方面的问题：

一是层次低、规模小、产业链条不完整，没有一个具有全国影响力的产业品牌。旅游业是客家文化产业中比较成熟的产业，但就客家地区的旅游行业而言，产品项目简单，不能表现出客家文化内涵与特色。如客家饮食行业在广东占有一席之地，但与广府粤菜相比，其档次与产值远不如后者；闽西和赣南客家菜的产业化境况更不如人意。

二是产品开发简单，市场化程度较低。客家文化资源丰富，若推向市场可直接成为产品，但由于文化治理缺乏投入，不少地区在产业进程中"坐吃山空"。如一些古民居旅游开发后，其中的传统雕饰、壁绘、碑刻等被盗卖、损毁，仅存空屋而已；大多数地方因为对文化挖掘力度不够，甚至连祖先传统文化的老本都吃不上。更重要的是，对文化市场的认识不足，多数地区市场未真正运作起来，如旅游行业不少还停留在等客上门的阶段。又如客家艺术团体多为公益演出，缺乏商业运作，没能产生应有的经济效益。

三是与现代技术结合少。科学技术是创意产业的基础，创意产业运用现代科技构筑竞争的壁垒，科技的未来发展不断拓展着创意产业的领域。[1]然而，客家文化产业中的科技运用很少，如到目前为止，客家地区尚没有推出类似《印象刘三姐》这样有震撼力的大型情景戏。这与客家地区科技实力不强、人才缺乏有直接的关系。

四是文化力量未受到真正重视，导致创意不足。客家文化产业基础之一是客家文化的研究。20世纪80年代以来，客家文化研究兴起，相对周边赣文化、闽南文化和广府文化的研究而言，其研究成果可谓丰硕。但是，学者在文化产业化过程中虽有一些参与行为，对于客家文化产业发展而言仍显不足。这其中有客家学者对经济缺乏把握的问题，也有政府和企业对学者作用未能正视的原因。总之，学者在多种情况下缺席文化产业，其后果是文化产品缺少创意、开发层次低，最终导致市场竞争力弱，甚至不少所谓的"文化产品"根本就无文化可言。

五是政府对文化产业认识不足，产业政策不明确，倾斜度不够。赣闽粤边的客家大本营七个地区（赣州、龙岩、三明、梅州、河源、惠州和韶关）中，赣州是最早将"客家文化产业化"写入政府工作报告的，但也是迟在2006年。各地的文化产业政策中所体现出来的税收、管理、人才与资金投入等扶持措施相对其他产业而言没有明显吸引力，甚至有不如其他产

---

① 王仲伟：《创意产业发展与文化建设》，见厉无畏、王如忠主编：《创意产业——城市发展的新引擎》，上海：上海社会科学院出版社，2005年。

业之处。

六是客家传统文化在全球化浪潮中加速了流失的速度。客家文化在产业化过程中出现的文化资源流失、客家社区僵化的问题远未得到重视，文化资源面临消亡的危机。

三、几点对策性建议

针对客家文化产业化中存在的问题，我们认为，只有加强文化创意，走市场化运作的路子，同时在产业发展过程中保护好客家文化，才能推动客家文化产业的快速与可持续发展。

一是加强创意，延伸客家文化产业链条。创意是文化产业的灵魂。尽管客家文化本身就是客家人在千百年的生产生活中创造出来的，但要进行产业化仍有一个传统与现代结合的问题，而这个问题的解决方法就是创意。如《土楼回响》就是一部用现代交响乐的方式反映客家人团结奋斗、顽强拼搏、求生存图发展的历程和客家人性格的宏伟壮丽的历史诗篇，它把客家山歌音乐融入现代交响乐中，具有非常强的震撼力，再加上厦门爱乐乐团娴熟的市场化运作，使之成了客家文化产业的经典之作。梅州在广东虽然属于经济不发达地区，却利用客家文化元素打造出了广东最大的5A级景区雁南飞和客天下。四川洛带客家古镇亦是创意产业的典型代表。

文化产业链条的延伸依赖于创意，台湾"桐花祭"的产业链条体系正体现了这一点。2006年的桐花祭就结合了61个商家、25个营销点，其与多家公司结盟，开发桐花相关的文具礼品、生活用品、个人佩饰、瓷器、居家用品等。发源于客家服饰的"蓝衫"系列产品也受热捧，单六堆地区就有从事客家服饰生产的作坊33个，另有台北27个，台中10个，桃、竹、苗地区11个。[①] 这些作坊就是一个个文化创意车间，将客家传统服饰元素与现代服饰结合起来，并推向市场。而这正是大陆客家文化产业所需要的经验。

加强创意，必然要文化学者和产业从业者、经营者能有机会交流互动。目前大陆客家研究者多从事基础研究，对文化产业这类新事物的参与并不深广，而有相对丰富市场经历的产业投资与管理者又未能够把握文化之脉络，致使两者之间的沟通和合作未能很好地建立起来。因此，必须借鉴国内外文化产业的创意经验，学者与产业从业者、经营者共同努力，打造自己的创意模式，方可实现文化产业的流水生产，扩大产业链条，最终

---

① 林尉瑜：《地方文化创意产业行销策略之研究：以六堆地区创意蓝衫为例》，台湾文化创意产业与地方发展策略学术研讨会，2006年。

形成产业集群。

二是增强全球客家认同，拓宽营销渠道。客家文化作为边缘的地域文化，其营销（即传播）过程伴有客家人追求自我文化生存空间的意味。这种意识应成为客家文化产品营销的核心动力。

自二十世纪二三十年代以来，客家人的文化认同感越来越强，现已成为客家文化产业内部市场形成的主要动力。客家人的文化认同又突出表现在寻根意识上，这在海外客家人身上体现得尤为强烈。"他们有很强的寻根意识，虽然远隔重洋，在海外繁衍了十几二十代，生息了二三百年，却念念不忘祖国，不忘曾经孕育客家民系的故乡。无论是在迁徙之地，还是重返中州，他们都有着一次又一次的隆重的祭祖仪式；无论怎样漂洋过海，怎样跋山涉水，他们都要重返故土，去寻找自己的生命之根、文化之根。"① 因此，各地客家团体对世客会均表现得非常踊跃。不仅如此，各客家地区特别是海外客家人对原乡的寻根情节使得他们经常回大陆客家地区旅游观光，成为当地客家文化旅游的重要客源，也大大带动了相关文化产业的发展。客家人对自身文化的认知越清晰，对其文化产品的兴趣就越浓厚。

此外，文化认同的加强也增强了客家文化的自信，铸就了客家文化之魅力。因此，客家人只有不断认识自己的文化，不断增强文化自信，才能真正发展客家文化产业，最终让客家文化在全球化的文化竞争中占得一席之地。

客家文化产业营销的另一个核心动力来自文化差异，在全球化的环境中，各种文化形式共生并存，人们对异文化的好奇与探求使得客家文化的市场空间日益扩大。与其他文化的差异越大，客家文化产业的特色就越明显，其产品在这个目标市场的吸引力也就越强。人们对异文化总是带有好奇心，总想了解别的族群的生活状态，这就是文化差异所带来的文化市场消费的心理因素。一方面，客家文化在各省乃至海外均是"边缘文化"，赣闽粤边客家大本营地区亦是如此。而这种"边缘"就是特色，对赣北、闽北、闽南、广府等文化区和海外有着相当的吸引力，成为文化产业化中的独特资源。另一方面，客家文化内部也存在着一定的差异，如赣粤交界处多有"四点金"的围屋，而闽西土楼众多，粤东北围龙屋比较常见。这些差异成为促进客家地区内外部文化市场形成的一个重要原因。

文化认同与文化差异是一组相对的概念。客家文化认同的强化，对于

---

① 罗勇：《文化与认同——兼论海外客家人的寻根意识》，《西南民族大学学报（人文社科版）》2006 年第 2 期，第 191 页。

其他族群而言就是文化差异的强化；而与其他族群的文化差异的突显，又可能增强客家文化的认同。在全球化的趋势下，文化认同与文化差异对多元文化的保存与发展有着重要意义，在文化产业的差异化竞争中作用亦是根本的。因此，要打开客家文化产业的市场，最关键的是要增强客家文化认同，在客家文化营销传播中强调或制造差异，以驱动客家文化的市场运行。

三是在产业化过程中保护客家文化资源，活化客家社区。文化产业的基础是文化资源，因此，应坚持"保护优先、开发服从保护"的原则。对一些非物质文化遗产，如传统工艺等，应该在不违背其生产规律、不扭曲其自然演变的前提下，将其导入生产性保护模式。

在全球化的大背景下，客家文化流失严重，不少客家村落社区由于年轻人外出打工，只有老人小孩在家，文化难以传承。因此，保护客家文化、活化客家社区成了客家文化产业可持续发展的难点。

台湾客家文化产业在活化社区、保护文化方面有不少可陈之处。"客委会"的主要职能就是推动客家事务，客家文化的复兴是其工作重点。如"桐花祭"开展的主要目标就是解决台湾客家族群生存与发展问题。在"桐花祭"经济收益的背后，客家族群认同的增强就是一个设计之初所期待的效果。正如"桐花祭"网站所述："数字累计见证桐花林下的魅力，随处可拣拾溢美词汇形容文化节庆的成功，但阿公和阿婆腼腆述介老街旧巷、几近荒没乡野的老曲调再传唱、游人忘神于客家文化展演……'老族群、新感动'才是最无法换算的价值。"

大陆客家地区也有政府开始类似的工作，如江西省龙南县在发展客家文化产业的同时进行农民培训系列活动，扶持乡村文化能人，举办各种传统工艺大赛，推广包括酿酒、客家女红在内的工艺和产品等，收效良好。这种以文化保护、社区活化为前提的文化产业模式应成为大陆客家文化产业开发的新方向。

四是做好客家文化生态保护区的工作。文化生态保护是指在一个特定的区域中，通过采取有效的保护措施，修复一个非物质文化遗产和与之相关的物质文化遗产互相依存，与人们的生活生产紧密相关，并与自然环境、经济环境、社会环境和谐共处的生态环境。划定文化生态保护区，将民族民间文化遗产以原貌保存在其所属的区域及环境中，使之成为"活文化"，是保护文化生态的一种科学有效的方式。当前，我国已经批准了包括"客家文化生态保护区"在内的 12 个文化生态保护区。

客家文化生态保护区，是以赣闽粤客家的非物质文化遗产保护为核心，对该境内具有重要价值和鲜明特色的客家文化遗产及其存续空间进行整体性保护而设立的文化保护区。目前，"客家文化（梅州）生态保护实验区"和"客家文化（赣南）生态保护实验区"已获批设立，"客家文化（闽西）生态保护实验区"也正在申报审批中。

设立客家文化生态保护区，遵循非物质文化遗产保护、传承和发展规律对客家文化进行整体保护和活态传承，这应是一件大好事！可是，正如冯骥才所指出的，一些地方部门和领导"申遗时，带着政绩需求，目的不纯。申遗成功了，政绩提升了，'非遗'就被扔在一边了"①。以至于客家文化生态保护区设立几年了，也没见多少实际效果。因此，建议国家文化部要经常派员督查，定期组织专家评估实施成效。客家学界也应积极参与生态保护区的有关工作，深入调查，及时发现问题，提供咨询意见，以促进生态保护区的有效建设。

---

① 吴亚顺：《冯骥才痛批文化产业化：观念错误　侵蚀中国文化的根》，《新京报》，2013 年 6 月 29 日。

东山客家的"花"样景观

郭一丹[1]

一、东山客家

龙泉山位于成都平原之东，龙泉山以及它与成都平原之间的丘陵台地被称为东山地区。据巴蜀著名学者谢桃坊先生考证，宋人潘洞《圣母山祈雨》诗序中有言"圣母山在灵池东山朱真人洞"[2]（笔者注：东山地区以前包括新都区、华阳县、金堂县、简州之间的部分地区，简州在唐宋时期名为灵池县），可见，早在宋代这里便有"东山"之名。成都客家学者胡开全先生经过实地调查，发现龙泉山东侧的金堂淮口白塔寺存有明嘉靖三十二年（1553）石碑，碑文便有"东山白塔寺"的记载。傅崇矩《成都通览》中描述"成都之山"时说道："成都系平阳大坝，并无大山。东路之山起于五十里简州之龙泉驿……近城一带之凤凰山、东乡之东山，皆黄土小坡，实非山也。"[3]

东山地区在明末清初主要是墓葬、采樵、狩猎和放牧之地，人烟稀少。因历史上轰轰烈烈的"湖广填四川"移民运动，四川迎来了各省移民。清政府鼓励改土造田，山地垦荒，故有"康雍复垦"和"乾嘉续垦"之说。[4] 粤东北、闽西及赣南的客家人在此次移民大潮中也纷至沓来，与

---

① 郭一丹，四川省社会科学院副研究员。

② 谢桃坊：《成都东山的客家人》，成都：巴蜀书社，2004年，第8页。

③ 傅崇矩，袁庭栋等点校：《成都通览·成都之山》，成都：巴蜀书社，1987年，第6页。

④ 黄权生：《西南地区民间生态知识与森林保护探析》，《长江师范学院学报》2008年第5期。

各省移民"五处杂处密如罗，开先楚人来更多。闽人栽焉（烟）住平地，粤人种芋住山坡"①。各省移民共同来四川"复垦""续垦"，再造天府，而东山客家人大多是康雍乾时期从广东嘉应五属（梅县、蕉岭、平远、五华、兴宁）以及惠州府的龙川、连平、河源等州县辗转迁回而来。因千山万水、路途迢远，他们成为迟来者，只能在山区和丘陵地区零星落脚，聚族而居，生息繁衍。东山地区便成为四川客家人最为集中的聚居地之一。

东山地区相对于"水旱从人"的成都平原来说，丘陵广布，土地贫瘠，交通闭塞，难以灌溉，土壤透气性差，当地人形象地称之为"天晴一把刀，下雨一包糟"。他们只能因地制宜，发展旱地农业，种植小麦、玉米、芋头和番薯，零星间种果木。因为贫穷，也因文化差异，语言不通，长久以来，他们被称作"山上的""茗管儿""乡广广"或"土广东"。

二、从"土广东"到"国际桃花节"

龙泉驿区位于成都中心城区东部偏南、龙泉山脉中段，属于东山客家的主要分布区域。20 世纪 30 年代，酷爱园林果技的龙泉客家人晋希天开始在龙泉山泉乡尝试引进水蜜桃、黄蜜桃和蟠桃树。1942 年，晋希天邀约好友品茗赏花，乘兴赋诗一首："龙泉山中桃花源，桃花堆成龙泉山。今年赏花人两桌，半个世纪万倍多。"20 世纪流传于龙泉的客家儿歌中就有"桃花树、李花树，红红白白开无数……"的传唱。勤劳的龙泉客家人在山区台地大力发展果林经济，终于使这块贫瘠之地获得了"四时花不断，八节佳果香"的美誉。水蜜桃种植更是远近闻名，龙泉逐渐发展成为中国水蜜桃三大基地之一，并被授予"中国水蜜桃之乡"称号。

正如晋希天的期望，如今的龙泉桃花早已吸引了"万倍多"的赏花人，而山泉镇更是升级为"桃花故里"、国家 AAA 级风景区。每年阳春三月，这里都是一幅云蒸霞蔚、缤纷绚烂的人间美景，人们自发前往赏花。初时，由于担心对果园的损害，果农并不欢迎"不速之客"的打扰，甚至会和赏花人发生摩擦。尽管不愉快时有发生，但桃花每年依旧烂漫，游人游兴不减。客家人渐渐意识到这么多的人气是绝好的商机，可以合理利用，搞活当地经济，于是开始兴办"农家乐"，将桃园、农舍开放，吸引游客前往赏花、游玩、休闲、消费。

1987 年龙泉驿区开始举办首届"桃花会"，仅开幕当天就吸引上万游人争睹桃花风采，龙泉桃花为游人带来了春天的色彩和游赏的欢愉，也为

---

① 林孔翼、沙铭璞辑：《四川竹枝词》，成都：四川人民出版社，1989 年，第 74 页。

当地客家人带来了可观的收入。经过多年发展，从 1987 年举办首届"成都龙泉驿区桃花会"，到 1994 年改名为"成都桃花会"，桃花会由区级提升为市级，影响力逐步扩大，品牌效应开始形成。2000 年，"成都桃花会"升格为"中国成都桃花节"，完成了由"会"到"节"的转型升级。

在龙泉桃花节升级发展的过程中，客家意象发挥了重要的"文化搭台"作用。2001 年，当地将桃花节与客家文化结合，采用"一节（桃花节）一会（国际客家学术研讨会）"的开发思路，使客家文化成为龙泉桃花节中独特的地域文化名片。2002 年又举办了"成都国际桃花节暨客家亲情联谊会"，邀请了客家名人、专家学者、海内外客家乡亲前往赏花游玩，举办各种形式的客家文化活动：客家火龙舞、"移民会馆与客家文化"的报告会、"渔家乐、客家游"、桃乡垂钓节……在桃花节的开发过程中利用客家意象，逐渐完成了区级—市级—国家级—世界级的升级发展，最终升格成为"中国成都国际桃花节"，每年举办国际化的活动，如 2008 年与美国佐治亚州桃郡共同举办桃花节。据统计，"桃花节品牌价值超过 4 亿"，龙泉驿区实现了"以花为媒、广交朋友、扩大开放"的经济发展诉求。

如今，桃花节国际化的活动越来越多，对龙泉驿区乃至成都旅游目的地品牌的打造起着至关重要的作用，品牌效应进一步增强，每年都为当地带来大量的人潮和钱潮。成都客家人辛勤耕耘的漫山桃木，不仅使这里成了著名的"中国水蜜桃之乡"，更使"成都国际桃花节"蜚声海内外，市民也认同了桃花烂漫、春光无限的"桃花生活方式"，每年或举家出动，或呼朋引伴，前往游赏桃花、品茗就餐、消费购物、娱乐消闲。这种"桃花生活方式"俨然已成为一大新民俗。

龙泉客家人通过"桃花节"的平台，盘活了闲置的建设用地资源、民房，通过提供观光、休闲、娱乐服务，向游人展示农家文化和农家生活方式，有利于客家文化的保存、承继与发展。不仅如此，他们还过着一种令人艳羡的诗意生活。龙泉驿区每年在桃花节期间都会定期举办乡村诗歌论坛或诗歌节，因为这里曾经出现过吴雪琴、晋希天、冯体刚等乡村诗人，地方文人雅士编印了《花驿》文学报、乡村文学作品集《春花》《桃乡吟》《桃都春华》等文学读物，涌现出了如《我的客家，我的乡村》等乡土诗歌，喜怒哀乐中充满着浓郁的生活气息与乡土气息，让人不得不对他们在"现代田园城市"的辛勤建设中这种"诗意的栖居"产生油然憧憬。山上的客家人已不再是当年贫穷落后的"土广东"。

三、从高店子到"五朵金花"

三圣乡位于成都市东南部，东部与龙泉驿区接壤，是龙泉与成都之间的另一个客家人较为集中的聚落，也属东山地区。这里因地势较高，俗称高店子或三圣场，民国时为三圣乡，因境内有三圣庙而得名。关于三圣庙民间有两种说法，一说为供奉炎帝、黄帝及仓颉；一说为供奉刘备、关羽、张飞。如今这里有超过六成的居民为客家人。

这里也曾经非常贫穷，"土地不多人人种，年年丰产不丰收"，正如当地儿歌里所唱的那样："天老爷，快下雨，保佑娃娃吃白米；白米甜，白米香，今年不得饿芒芒（音 mang，四川方言）……"不甘贫穷的三圣人在这里尝试种植鲜花，经过不懈地摸索鲜花的种植经验和技术，终于使这里成了"茉莉飘香的高店子"，成为成都市的鲜花生产基地，先后被国家林业局、中国花卉协会评为"中国花木之乡"。经过多年发展，三圣乡已经成为"全国十大花卉基地之一""国家文化产业示范基地"。诸多光环让三圣乡声名远播。但当地在包装、推介等各方面较少涉及客家色彩与内涵，只有一些餐饮还用"客家"显示产品的独特性。

三圣乡引种梅花的"鼻祖"是清乾隆二十七年（1762）由"广东省惠州府河源县乐湖溪五甲，小地名邓村中心屋"迁川的王氏遗孀吴氏的三子——王仕宏。王氏家族几经繁衍发展，成为三圣乡远近闻名的"王家花园"，是当地客家人津津乐道的发家致富的能者。如今"王家花园"的名字仍在沿用，成为远近闻名的农家乐，王家花园引种花卉而发家致富的历史也被铭记，祖先"由广东上川"的记忆仍然留存，但他们已经不会去刻意宣扬"客家"的身份，更少以"客家"来推介自己的产业。如果游客游玩之余坐下来和他们拉家常，谈到祖籍、方言、习俗等相关问题，他们很快就会告诉你他们是"土广东"。但因为讲"土广东话"会引发沟通障碍，因此和游客打交道时不会讲客家话。

从建筑方面来讲，这里的民居建筑几乎是清一色的"川西民居"。从特色农业的个性来讲，实现了错位发展，即"一村一品"："花乡农居""幸福梅林""东篱菊园""荷塘月色""江家菜地"，这便是为人们所称道的"五朵金花"。从语言的保留来看，老年人在家庭中坚持讲客家话，而对儿孙们坚持讲"成都话"的习惯已经慢慢接受，过去会骂不讲客家话的子孙"把祖宗都卖了"，现在老人也说子女"自己愿意讲什么话就讲什么话"，因此形成了老人讲客家话、儿孙讲"成都话"的双语现象。在通婚习惯方面，早已打破"不与湖广人通婚"的束缚，随着通婚圈的扩大，后代已经不可能从血缘上再分"省籍"界线，因此后代的"祖籍"意识开始渐渐模糊，尤其在对外交往中鲜有"原籍××"的刻意区分。因此，三圣乡的客家文化认同并非不存在，这里的客家人内里还是崇宗敬祖，认同自己祖先的来源和历史，只是这种认同内化为一种内在记忆，而不需要刻意利用，因此这里的"客家"是隐形内敛的。"五朵金花"使这里的客家人不再是当年贫穷落后的"土广东"了。正如当地人所言："我们这里的姑娘现在抢手得很！以前是嫁出去，现在基本上是招进来，大家都不愿意走了！"在人们眼中，他们早已成为比都市人更幸福的成都人。

四、余论与启示

作为汉族的一个支系，客家人也创造了属于自己的文明，在不断的迁徙与发展的历史进程中，既汲取了传统文化精华，又与时俱进，创新文化，是农耕文明在大都市边缘发展传承的历史见证。东山客家"花"样景观的生成与发展记录了东山客家社会进步与发展中社会、经济、文化、生态的发展脉络，释放出东山客家特有的文化信息，将东山客家创造的物质文明、精神文明加以展现、推广和传播。

在东山的龙泉驿区，这里更加注重推介"客家"，如提出"扬客家文化之名，观中国桃花之最"，"赏龙泉桃花，叙客家亲情"等广告语，而且注重客家文化元素的保护和恢复，如修复客家会馆、客家民居，修建客家博物馆、客家广场，恢复客家民俗，宣传简单易学的客家话，客家乡土诗歌、客家文化事象不断被激活。当地客家人将这些物质与非物质的客家文化元素与龙泉桃花节有机结合，"结合"出了蓬勃生机。如幸福村的"幸福梅林"梅花产业链；红砂村的"花乡农居"以小盆鲜花和旅游观光产业为主导的国家级风景区；万福村的"荷塘月色"艺术写生创作基地，驸马村的"东篱菊园"的"环境、人文、菊韵、花海"花卉设施化、产业化生产；江家堰村的"江家菜地"吸引市民前往认种，把传统种植蔬菜、瓜果和农作物的劳动变为市民体验农家生活的休闲产业。三圣乡的"五朵金花"没有刻意宣传"客家"，这里的客家人在政府和有关部门的引导下，积极进取，辛勤耕作，大力发展"鲜花经济"。

对于外部族群的人来说，龙泉桃花节与客家文化息息相关，而三圣的"五朵金花"则更多的是川西农耕文化。因此，龙泉客家是显性的，而三圣客家是隐性的。但不管是显性的还是隐性的，都是当地客家人所创造的文化和景观。正如哲学家路德维希·维特根斯坦所说："我也许正确地说过：早期的文化将变成一堆瓦砾，最后变成一堆灰土。但精神将萦绕着灰土。"① 沧海桑田，时代变迁，东山客家的祖屋、祖茔、祠堂、民居、碉

---

① 路德维希·维特根斯坦著，黄正东、唐少杰译：《文化和价值》，南京：译林出版社，2011年，第4页。

楼、寺庙景观大都消失，甚至客家话也从西向东渐渐消失。总的来说，客家文化的独特性已经渐渐被抹平，渐渐被现代都市文明"格式化"或不断"刷新"。但只要客家的家谱还在，历史的记忆仍在，那几经流离仍然开拓进取、耕读传家的客家精神也将一直萦绕左右，不管将来呈现出来的会是何种景观。

台湾客家文化产业建构刍议
——以美浓客家小镇为例

邓文龙①

一、全球化下台湾文化产业的发展

"文化创意产业"这一概念是由德国法兰克福社会学派的主要代表人物——本雅明首先提出的。本雅明（Walter Benjamin，1892—1940）在1936 年撰写的《机械复制时代的艺术作品》（*The Work of Art in the Age of Mechanical Reproduction*）中首先提出"文化创意产业"的概念，但当时并未引起人们的重视。②"文化产业"（culture industry）这个概念，首度出现于霍克海默（Max Horkheimer，1895—1973）与阿多诺（Theodor W. Adorno）1947 年在阿姆斯特丹出版的《启蒙辩证法——哲学断片》一书中。"文化产业"概念出现的时刻，正是当报纸、广播与电影兴盛而成为支配文化形式的时刻，也是电视被初步引介的时刻。阿多诺与霍克海默早在 20 世纪 40 年代即预见了电视将综合广播与电影，在商业化之下将成为文化产业最具势力的一环。③ 强调这种工业的产品，可以借着不断重复和强化"生活方式当如此"的图像，使得民众接受文化政策所塑造的社会形象。④"文化工业"强调大众文化的产品乃自上而下作为社会控制与规训

① 邓文龙，台湾高雄市文藻外语学院通识教育中心副教授。
② 郭辉勤：《创意经济学》，重庆：重庆出版社，2007 年，第 46 页。
③ 张苙云：《文化产业：文化生产的结构分析》，台北：远流出版社，2000 年，第 12 – 13 页。
④ 洪翠娥：《霍克海默与阿多诺对"文化工业"的批判》，台北：唐山出版社，1988 年，第 12 页。

工具的支配、管理、施给的文化（administered culture），以一种不断重复而复制的宣传攻势，印植于民众心中的认知，使得民众接受宣传的形象就如天经地义。① 文化产业之所以发展迅速，从经济的角度看，有生产需求和消费需求的双重动力。

至 20 世纪 60 年代末期，文化、社会与商业相互纠结的状况前所未见，跨国企业投资影片、电视及录音事业，造成社会与政治层面的剧烈动荡。阿多诺、霍克海默及其他法兰克福学派的先贤后进持续地研究这些变迁，成为国际举足轻重的左翼知识分子。"文化工业"一词被广泛用来批判当代文化生活的局限。后来被法国社会学家、激进行动分子及政策制定者所采用，并渐以"文化产业"代称。②

但是文化产业的意涵为何呢？它会影响产业的内容，根据联合国教育、科学及文化组织（United Nations Educational, Scientific and Cultural Organization，UNESCO）对于"文化、贸易及全球化"的问题与解答，UNESCO 认为，创意是人类文化定位的一个重要部分，可被不同形式表现。一般认为，"文化产业"适用于"那些以无形、文化为本质的内容，经过创造、生产与商品化结合的产业"。这些内容典型地被著作权保障着，并且可以采用产品或者服务形式来表现。文化产业或可被视为"创意产业"（creative industry），以经济术语来说即"朝阳或者未来取向产业"（sunrise or future oriented industry），或在科技领域被称为"内容产业"（content industry）。而在服务经济阶段，许多企业只是将体验与传统产品包在一起，帮助产品卖得更好。在体验经济时代，未来企业要彻底发挥体验的优势，必须投入大量的文化资源，包括文化的创意、知识、信息等，用心设计，让消费者愿意为体验付费。所谓体验，就是企业以服务为舞台，以商品为道具，围绕着消费者，创造出消费者最值得回忆的活动。在这个过程中，商品是有形的，服务是无形的，创造出来的体验则是令人难忘的。这对于文化产业最重要的意义在于：它使文化产品和文化服务融入了一种体验的情景，和其他技术、物质产品结合成为一体，从而提升了文化产业的适用范围。

另外有人也把此行业分成文化服务业、文化销售业、文化制造业三种类型，从表 1 可以了解，其涵盖面十分完善，具有深度与广度，颇值得采纳，所以本文认为从总体上说，文化产业，就是以文化内涵为主的大规模

---

① 林丽云：《文化生产的结构分析》，台北：远流出版社，2002 年，第 97 – 98 页。

② David Hesmondhalgh 著，廖佩君译：《文化产业》，新北：韦伯文化国际出版有限公司，2006 年，第 16 页。

商品生产和商业服务，即通常人们所说的媒体、娱乐、出版等文化制造、文化流通、文化销售产业的总称。

表1 文化产业的类型与内容①

文化产业	文化制造业	报社、出版社、杂志社、影视制作公司、音像制品公司
		印刷厂
		游乐设备厂、乐器厂、玩具厂、游戏软件公司、体育器材厂、旅游用品厂
		文化用品厂、工艺品厂、剧团、电影厂
		书画苑
	文化销售业	书画商店、书报摊、音像制品店
		花鸟（艺术品）市场、花店
		旅游用品商店、文体用品商店
		古玩工业品商店
	文化服务业	图书馆、博物馆
		电视台、电台
		演出公司
		影剧院、娱乐场所、网吧
		旅行社、旅游服务公司
		游乐园、动植物园
		观光点、纪念地
		经营性文化培训学校
		文化经纪人公司、艺术设计公司

"衣食足而后知荣辱"，社会的需求是产业增长的基本动因，随着社会进入中等以上发达水平，人们对文化产品的消费需求越来越大，形成文化

---

① 花建：《创意＋文化＝财富》，台北：帝国文化出版社，2003年，第65页。

产业的基本推动力。根据研究，在 GDP 跨过约5 000美元这个"门槛"后，人们对物质需求的增长会逐渐减缓，而对精神文化需求的增长则不断加快。这是因为，在满足了基本的物质生活之后，人的物质消费毕竟有一定的限度，而对精神文化的消费是无限的，而且精神文化品的消费不仅仅是一种财富的"消耗"，还是对人的智慧的一种有效投资。所以文化已成为一个国家未来成长产业的重要指标，同时也成为一个地区性发展的"发电机"，利用文化与商业的崭新创意联盟来成就文化产业（如图1所示）。

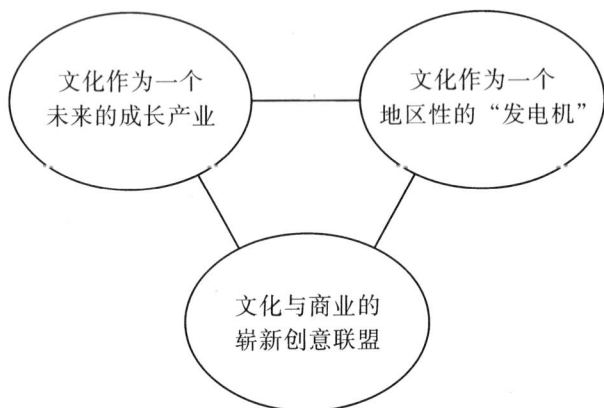

图1 文化与产业关系图

1980 年以后，"全球化"在既有的社会基础下，开创新的社会形态和文化潮流。虽然"经济"被视为造成现代"全球化"现象的重要因素，但"全球化"影响层面远远超过经济层面，并且几乎发生在所有的国家和地区。

这一时期台湾社会出现剧烈的转型压力，左右了往后 20 年至今的政治、经济、文化面貌，这些都与"全球化"现象密切相关。但"全球化"议题始终不曾被任何政策所注意，直到1994 年台湾"文建会"推动"小区总体营造"，才以文化政策角度，回应了当时台湾政治上的"统独对立"、经济上的工业发展与都市兴起所造成的农村生机凋零和初级产业萧条，以及民间草根力量崛起与文化认同分裂等问题。由于"小区总体营造"政策切合当下台湾社会发展和转型过程中的集体焦虑，终于形成一股对于"全球化"的反思性文化运动。

知识经济作为一种高度人性化的经济体系，迫切需要在创新开发中增加对文化的投入。台湾地区行政管理机构近年来将"创意台湾"（Creative

Taiwan）规划为未来施政的目标与愿景，因此特别提出"文化创意产业发展计划"，将文化、艺术及设计等相关产业（原分属不同专业的行业），统筹在"创意产业"的概念下，纳入地区发展的重点计划。同时其具有"美学""经济""生活"与"教育"四种向度，文化产业有致力于解构传统文化精英迷思，让文化更亲近大众之"美学意涵"；文化产业并非只会消耗资源，而是具备实质上的"经济意涵"；文化产业贩卖生活想象力、创意、教养还有品位，具有开发生活美感，并让文化与生活产生对话之"生活意涵"；且文化产业是非制式教育环境，提供文化终身学习之良好环境，具有让民众亲近文化，进行无声的文化教育之"教育意涵"。

文化并非和政治、经济或思潮毫无关联，如台湾 20 世纪 90 年代文化思潮的多元面相"全球化/地球村""地方化/小区风潮""生态关怀""休闲主义"以及"网络世界"等，不但成就台湾 90 年代文化产业生态背景，亦是新世纪文化产业势必因应之潮流。

二、美浓：一个客家乡镇的文化产业典范的可能性

清朝乾隆元年（1736），右堆统领林丰山、林桂山兄弟带领各姓氏族人自武洛（今台湾屏东县里港乡茄苳村一带）到美浓山下垦拓，开启了美浓客家文化的一页，其居民 90% 以上为广东省嘉应州属蕉岭、梅县等地来台之客家人。镇民主要务农，民风淳朴，刻苦耐劳，邻里也极为敦睦，民风虽然保守，但因重视子女教育，故而培养出许多博士硕士。镇民信仰佛教居多，勤俭持家，充分表现了中原民族特有之美德。其衣饰、美食、屋宅、音乐，无一不充满客家人在迁徙过程中为适应环境而创造出来的智慧。近几十年来因时代潮流的演变，许多特色正逐渐失去其原有的生存价值与脉络，因此如何从这样丰富的族群文化资源中汲取特色，并重获与现代生活共存的新生命，是大家共同的期望与目标。由于美浓地区是南台湾地区具客家文化特色的乡镇，文化观光景点也很密集，其发展观光也具一定基础。整合丰富的文化资产、结合地方特色、提升地方文化产业规模、促进地区繁荣、创造地方与居民最大效益，成为政府与民众应共同努力的方向。也让游客在"美浓游"中偷得浮生半日闲，享受好山好水好人文，搭配美食飨宴，让身心沉浸在悠闲的美浓客家风情中。

（一）典范的可能性

文化产品之推出，厂商的意愿十分重要，学界为产品提供文化意涵，配合现代营销手法的推广，而成为一种文化产业的典范，此品不再只是地

方性的产品，突破了地域性的限制，面向更大的市场。这是笔者认为相当好的典范模式，因此本文所讨论美浓文化产业的建构刍议，企图用此例当作典范型方式，成为未来讨论客家其他文化产业建构的参考模式。如同日本许多蕴含文化特色的伴手礼，除了促进当地的经济之外，同时也可借此增进对当地的了解，当思考美浓客家文化是否缺乏具有特色与质感的伴手礼的同时，也要思考该地区有哪些产品可以作为未来的伴手礼，这些必须经过文化资源调查。除了对文化基础进行静态调查外，还应思考其包含许多未来的可能性，如这些文化的资源是否可以包装。换言之，如果要让传统的地方文化特色产业，逐步通过产官学的合作协助，由有意愿的商家参与，使其转型成为更具发展能量的文化创意产业，其操作策略就不能停留在目前商业部门所习惯的改变产品简单的包装、举办临时性促销活动及媒体偶尔营销等方式。克服上述缺点，加入产品的文化内涵及特色，并运用合理的方式，协助产品或产业的优势及潜质被充分地感知与理解，如此，产品也提高了价值，人们买到的，也是经过包装、建构而来的文化产品（如图2所示）。

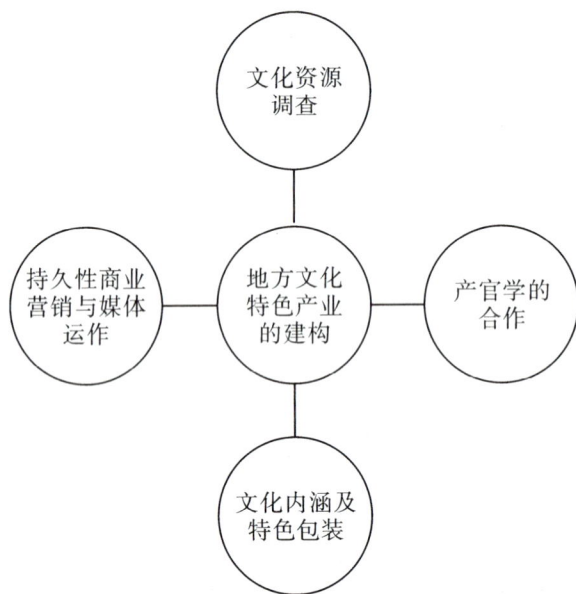

图2　地方文化产业建构图

（二）文化资源调查

本文撰写期间，高苑科技大学正在进行客家意象空间调查计划，该计划主持人方丽云教授提供了他们的统计资料作为本文以下研究的基础，调查人员在美浓客家文化馆、六堆客家文化园区随机发放了五百份问卷，实际回收四百七十六份，回收比率为95.2%，其中以到美浓观光旅游的受访者为多，占61.3%。在意象调查表（见表2）的统计中认为油纸伞最能代表客家意象的游客最多，占49.1%，其次为擂茶与客家山歌，此结果为本文提供了很好的研究基础。

表2　客家意象调查表

		美浓	
		次数	百分比（%）
最足以代表客家的意象	油纸伞	53	49.1
	蓝衫	8	7.4
	伯公	6	5.6
	三山国王庙	6	5.6
	擂茶	12	11.1
	油桐花	7	6.5
	竹编	1	9
	陶艺	2	1.9
	义民庙	3	2.8
	客家山歌	10	9.3

数据来源：方丽云：《六堆、美浓、高雄市"客家意象空间"营运规划之探讨》，见《高雄文化研究2009年年刊》，2009年。

（三）纸伞与擂茶

由上述调查可见，美浓纸伞与擂茶具有鲜明的客家意象。对产业而言，文化加值可以创造产品价值的核心；对文化而言，产业是推动文化发展的动力。

1. 美浓纸伞的历史沿革

关于美浓的油纸伞制作技术有两种说法：一说是约在台湾日据时期的

大正年间，由林阿贵和吴振兴延请大陆制伞师父来台湾传授技艺；一说是广东梅县制伞师父郭玉琴渡海来台，落脚于高雄美浓定居，故而将此技术传入美浓。本文采信后者说法，因为早期美浓纸伞厂都以"广"字命名，如广振兴、广德兴、广荣兴、广美兴等。20世纪60年代以前，油纸伞、烟叶和稻米曾为美浓地区的三项重要经济来源。尤其在60年代，美浓纸伞业达到最高峰，当地共有二十几家纸伞厂且每年生产二万把以上。但之后由于机器生产的洋伞价格低廉、耐用且易于携带，洋伞逐渐取代油纸伞，造成不少传统制伞厂被迫停业，产生了纸伞产业危机。

20世纪70年代，英文《汉声杂志》第六期第四号曾以广进胜纸伞的创始人林享麟和他的油纸伞作为封面，大幅报道制伞人的生活及制伞过程。英国国家广播公司BBC也曾到台湾制作纪录片《长远的搜寻》（Long Search），拍摄美浓传统油纸伞制作过程。1983年，客家导演林福地曾在美浓拍摄连续剧《星星知我心》。此剧在日本播出后，日本人对剧中的油纸伞印象深刻，并向台湾采购大批油纸伞，改变了当时油纸伞工业逐渐式微的命运。20世纪80年代之后，台湾民生经济逐渐富裕，美浓旅游观光业在产业界的自觉、当地政府与学界乡土教育的协助之下开始渐渐兴盛，使得油纸伞逐渐由原本实用的生活目的转变为与观光结合的地区文化产业。同时纸伞的功能也逐渐扩充，从原有的使用性质变成多样化的形态，如作为庭园灯饰装潢的一部分，作为客家民俗舞蹈的道具等，在种种的配套措施下纸伞也得到了再生机会。

2. 最具代表性的客家美味：擂茶

擂茶是客家人丰富多彩的饮食文化中最具代表性的一种美味，制作方式古朴典雅，充分表现客家人对中华传统文化的传承，至今仍是客家人日常生活的主食之一，也是待客的佳肴。擂茶的茶味纯，香气浓，不仅能生津止渴，清凉解暑，而且还有健脾养胃、清热解毒、提神醒脑、滋补长寿的功能，许多客家庄仍然保留这种美味食品。因此可通过体验方式让擂茶有更多文化的意涵。所谓体验，就是以服务为舞台，以擂茶商品为道具，创造出消费者最值得回忆的活动。在这个过程中，擂茶是有形的，服务是无形的，创造出来的体验则是令人难忘的。这对于文化产业最重要的意义在于：它使文化产品和文化服务融入了一种体验的情景，和其他技术、物质产品结合为一体，从而提升了文化产业的适用范围。

客家擂茶源起于大陆原乡，大约在唐朝时期就有，那时期擂茶使用的材料，约是一些茶、姜、葱、盐等物，再以擂盆、擂棍将其研碎之后冲入热开水，当成一种驱冷御寒的饮品。这种饮茶方式之后流传各地，终于在广东地区（海丰、陆丰两县，梅县地区没有）被客家人发扬光大。"擂"在客家人的语言中是研磨的意思，擂茶就是经过研磨的茶。擂茶又名三生茶，最早是以生茶、生姜、生米研磨，目前多以白芝麻、黑芝麻、花生、山药等多种原料研磨，味道更为香浓。

擂茶的茶叶必须用绿茶，可选择现采的绿茶叶，二叶一芯为最佳，若因季节原因无生茶叶，也可使用轻发酵的绿茶叶成品，或用绿茶粉代替。因绿茶具有保健、减肥、延年益寿之功能，且擂茶时是将茶叶一起吃，因此特别甘醇美味。

擂茶使用黑芝麻和白芝麻两种，使用时可按黑一白三的比例使用，白芝麻量多些，擂出来茶色较好。擂茶所需的用具很简单，只要一个擂钵和一只擂棍。但钵和棍都相当讲究，不是随便用个碗和棒子就可以擂出风味独特的茶香。

擂茶的钵是以陶土烧成，钵的内面有向中心辐射状的沟纹，擂茶要擂的配料是细小的芝麻，需要用细牙的擂钵，沟纹较粗的擂钵不能擂茶，适合用于擂较粗的米、玉米等。

擂茶的钵有台湾型和大陆型两种，台湾型是碗型，大的直径约 35 厘米，高约 15 厘米；小的直径约 24 厘米，高约 10 厘米。大陆型为钵型，有辐射状沟纹和交叉网型沟纹两种，大的直径约 30 厘米，高约 15 厘米；小的直径约 24 厘米，高约 10 厘米。

擂棍是一支直径 1 寸半至 2 寸、长度约 2 尺的木棍，因为在擂茶时需使用擂棍研磨，所以擂棍的成分也一并混入其中。擂棍的材料以有健胃整肠功效的番石榴树最好，油茶树、布惊头次之，其他树木则不可用。

擂茶时先将二两绿茶茶叶置于擂钵中，以擂棍磨擂，擂时加少许冷开水，以起到润滑作用，再放入黑芝麻及白芝麻，待擂至茶叶、芝麻都成糊状后加入花生，直到花生全部擂散，再加入香菜或九层塔或鸡头刺等配料后，继续擂至全部材料成茶浆即可，整个擂制过程约需 15 分钟，慢则半小时以上，常会擂出一身大汗，达到运动健身的功能，可作为一项体验型的文化产业。

研擂好的茶浆，用约 1 500 毫升开水冲泡，如要甜食可加入适量糖，如要咸食则可加入适量盐，但正统擂茶以咸食为主。

如果要喝地道的擂茶不可缺少炒米，也可搭配炒萝卜干、炒青菜（豆类）、白斩鸡、红槽肉等。现代改良的客家擂茶，大都被当成平日休闲的点心，也有只要冲泡即可享用的擂茶，虽增加了方便性但也缺少擂茶的乐趣，此外也有用糕饼增加擂茶的多样性的。

是什么原因促使美浓客家农村可以发展小区型的文化产业？又应如何

将其原有的产业模式往文化产业方向推进？美浓推动文化产业发展，除了其作为纯粹的客家村落拥有客家文化内涵外，邻近的高雄与台南都会区交通的易达性也使其具有成为重要客家产业发展地点的可能。

美浓的客家文化产业在发展过程中虽取得一些成果，但也有需要改善与加强之处，以下通过 SWOT 分析，来研究未来可修正之处。如表 3 所示。

表 3　美浓纸伞与擂茶的 SWOT 分析

	Strength 强项、优势	Weakness 弱项、劣势	Opportunity 机会、机遇	Threat 威胁、对手
纸伞	产品风格独特，台湾地区唯一，兼具实用性与装饰性	手工传承不易，无法量产，接单不易	结合传统客家舞蹈，功能多元性设计，创意性	洋伞价格低廉且耐用，易于携带，纸伞国际化不足
擂茶	饮品与健康食品，参与创造出消费者最值得回忆的活动	无专业之营养学研究，食品种类太少，赶不上顾客需求的改变	卖场营造的独特陈设气氛，种类多样化的可能性	饮品数量太多，难以突出特殊性，国际化不足

以美浓为例，可发现地方特色工艺产业之兴衰，确实与台湾整体政治经济大环境之历史脉络密切相关。20 世纪 90 年代，工艺产业同时面临产业外销市场与内销市场之竞争，有其转型及升级之必要，目前地方特色工艺产业朝向"产业文化化"已普遍成为当地政府机构与民间产业界之共识，未来能否顺利转型成功，除了产业界本身之努力与后续经营之外，仍需政策的辅导与协助，使之更为完善。

总之，优势可以强化，机会可以创造，如专业研究团队的加入可以挽回弱势，如原有的纸伞因新油料的使用而更易于保存与维护，至于呈现其地方特色，可协调店家参与的意愿，利用专业知识性的包装方式，如简介特色，让其增加可亲近性，再通过简易的英文等相关外文简介，进行网络导览宣传，以吸引各界民众甚至各国观光游客前来消费。在良性竞争及内在自我要求机制的刺激下提升产品质量与水平，在成为观光游憩的功能据点之外，更进一步教导民众认识民间文化中蕴含的丰富内容，达到社会教化的功能。

三、结论与建议

（一）结论

随着全球化时代的高度竞争，体验经济时代来临，全球本土化下，人们对自我文化认同感强烈的追寻以及文化消费高度成长，文化内涵已成为最佳体验素材，使得文化元素成为一种关键性的竞争参数，此一全球发展趋势为客家文化的保存与发展带来契机。台湾经济形态因应于经济成长与生活品位提升之需要，使文化消费成为重要市场，促使民间文化产业兴起。民间文化产业的设立动机以文化理念为主要因素，在其盈利经营下，举办具文化意义之非正式文化教育活动，以生活产业之方式，由静态营运扩增为动态的艺文活动推广，可导引民众将文化落实于生活品位。这些在生活中自发形成之民间文化产业，无论是企业连锁形态的诚品书店艺文商圈，或是独立资金形态之独立专业书店，结合艺文展演之茶艺馆、咖啡馆、陶窑文化园区，确实都有其不容忽视之文化价值。本文尝试从美浓客家产业的建构中，为客家小区的建构提供参考，并抛砖引玉吸引更多研究者关注客家文化产业研究之领域。

（二）建议

如前所言，文化产业有致力于解构传统文化精英迷思，让文化可以更亲近大众之"美学意涵"；文化产业并非只会消耗资源，而是具备实质上的"经济意涵"；文化产业贩卖生活想象力、创意、教养、品位，开发生活美感，并让文化与生活产生对话之"生活意涵"；且文化产业是非制式教育环境，是提供文化终身学习之良好环境，具有让民众亲近文化，进行无声的文化教育之"教育意涵"。所以建议：

（1）地方公共部门可以辅导私人产业发展成地区性的文化产业，如提供协助或补助办法。

（2）公司型的地方特色产业或传统工艺产业，可以做客家小区型的文化产业的开端；通过建立合作社的形式，逐渐建立产业的公众性格，同时地区产业共同发展地方性文化产业的尝试做法，便是在同质或异质产业间，筹组一公共组织。作为对公共部门沟通的窗口，应增加组织的公众性与寻求外援的管道，但仍须注意组织内的分工结构完整与否。

（3）客家小区的乡土教育虽不为小区文化产业带来直接效益，但通过地区文教机构（学校），为客家小区文化扎根下功夫，可以建立客家文产业的厚实基础。所以客家乡土教学，不应只是小区营造工作的"背书"，而应持续与小区的其他成员产生互动交流。

（4）客家地方文化产业的内涵，须靠"诉说的媒介"得以彰显，如美浓地区也有擂茶，只是因为地方性不同而有不同的风味，如何变成一个具有代表性的客家文化产业，可以通过以下五个步骤完成：

①客家当地知识文字化。在体验经济时代，未来企业要彻底发挥体验的优势，必须投入大量的文化资源，包括文化的创意、知识、信息等，用心设计，让消费者愿意为体验付费。

②客家当地知识展示化。重点在于利用专业知识性的包装方式，如文化产业简介特色，通过浅显易懂的文字说明，让其增加可亲近性，再通过简易的相关外文简介，进行网络导览宣传，吸引各界民众甚至各国观光游客前来消费，在良性竞争及内在自我要求机制下刺激其提升产品质量与水平。

③客家当地知识体验化。所谓体验，就是企业以服务为舞台，以商品为道具，围绕着消费者，创造出消费者最值得回忆的活动。在这个过程中，商品是有形的，服务是无形的，创造出来的体验则是令人难忘的。这对于文化产业最重要的意义在于：它使文化产品和文化服务融入了一种体验的情景，和其他的技术、物质产品结合成为一体，从而提升了文化产业的适用范围。

④客家当地知识的多样延伸。重点是如何将区域内具有深度意涵的历史建筑、古迹与其他文化资产如遗址与文化景观，以文化创意行销的方式推广成为一种新兴的行程，让各地游客了解与欣赏。有效地与文化观光相互结合，不仅可以促进地方经济动能的提升，更为文化推广之首创，真正达成"文化""观光"及"经济效益"三者间之联动。

⑤客家当地知识与小区营造精神提升。产业的建构对地方的繁荣具有带动的作用，若无地方小区的共同努力则不太容易成功，所以应该共同营造可亲近的空间。

基本上这个新的尝试，需从实操经验中不断思考改进的方法与提供新的创意，需以纸伞、擂茶为基础规划未来客家文化产业的开端。

新竹县客家文化产业的发展
——以新埔和北埔为例

洪泉湖①

一、引言

由于工商业的兴起，台湾农林渔牧等传统产业于 20 世纪 70 年代开始没落，于是相关部门开始思考如何替传统产业"加值"的问题，文化产业便是其中的重要选项。70 年代末期开始提倡的"文化观光"，以及 1998 年以后周休二日的"休闲时代"的来临，为文化产业提供了市场环境需求，这是台湾文化产业开始发展的契机。

就客家文化产业而言，1986 年的义民庙联合祭典和 1987—1988 年的"客家母语运动"，激发了客家族群意识，1992 年的高雄美浓小区总体营造开启了客家文化产业之门，而 2002 年的苗栗公馆桐花祭，则开创了客家文化产业的新风潮。此后，文化产业不仅为客家聚落带来经济上的收益，也为客家文化保存和推展，开拓了一条希望之路。

本文选择新竹县作为客家文化产业发展的研究对象，主要原因是新竹县为台湾客家人口聚集区之一，全县 50 余万人中，客家人就有 34 万以上，占全县人口的 65% 左右，与桃园、苗栗、屏东等县，同为最具客家特色的县份。而选择县内新埔镇和北埔乡为例，则是因为这两个乡镇的文化产业、民俗活动、自然休闲景观、文化创新活动等均较多之故。

---

① 洪泉湖，台湾元智大学社会暨政策科学系教授。

二、台湾文化产业发展的面向与策略

台湾文化产业，无论是客家、先住民、闽南或其他的地方文化产业，大体上都是依据以下的面向和策略来发展的：

（一）发展面向

台湾文化产业的发展，如从产品形成的方式来说，大致上可分为"文化产业化"和"产业文化化"两个面向①：

"文化产业化"是指以往在经济发展挂帅下被忽略、被牺牲的传统文化，借由创意、想象力与科技之助力，重新被赋予生命力，重新被加以创造，而形成一种兼具文化价值与经济效益的文化产业。例如：针对已经没落的南庄老街、湖口老街加以整理修建，保存其具有历史文化艺术价值之建物、雕饰及摆饰，加上原先早已存在的甚或流失的故事，以及与本地历史、文物、掌故、物产、人物相关的创意工艺等，再通过适度的包装营销，形成一套兼具价值（value）与价格（price）的产业产品，在得以保存文化的同时，也改善了居民的经济生活。

"产业文化化"则是将原先的工商业导向的掠夺式、入侵式、剥削式产业，以及失去竞争力与经济效益的农林渔牧业、手工艺品业等，转型为兼具文化内涵的产业。例如：针对台湾白河观音的莲花产业，聚合扩大规模，然后联合开发印有莲花（即荷花）图案的手工艺品、衣饰、日用品等周边产品，以及莲子大餐等美食，再配以莲花摄影、写生比赛等相关艺文活动，吸引观光人潮，扩展产品商机，添增当地的艺文气息。②

"文化产业化"和"产业文化化"这两个面向的做法，具有取长补短之效，如能具体加以落实，不但有利于地方经济振兴，而且有益于当地文化的发展，从而创造出更优质的生活环境。近年来，台湾在文化的发展上，大体上采取这样的途径或面向。③

另外，也有学者从产品的功能或作用方面来说，认为文化产业的发展，应具备以下几个向度：一是美学的向度，即文化产业是对传统美学的解构，将审美与生活加以统合，使不同的人都具有选择、欣赏、理解文化

---

① "文建会"编印：《文化小册子》，台北："文建会"，1998年。"文建会"编印：《2002年"文建会"文化论坛系列实录：文化创意产业及地方文化馆》，台北："文建会"，2003年。

② 叶魁智：《发展的迷失与危机——文化产业与契机》，《哲学杂志》2002年第38期，第14－15页；洪泉湖：《台湾原住民族文化产业与休闲观光之互动》，载于刘阿荣主编：《多元文化与族群关系》，台北：扬智文化事业股份有限公司，2006年，第125－156页。

③ 曾淑正主编：《文化台湾——新世纪新容颜》，台北："文建会"，2004年。

产品的可能；二是经济的向度，即将文化作为一种产业来看待、来发展，同时让产业具有文化意涵，换句话说，文化产业是具有经济功能的，它是经济发展上的重要一环；三是生活的向度，它不是穷人的奢侈品，也不是富人的消遣和娱乐，它是大众生活的必需品，它可以促进人们对生活美感的开发，可以让文化和生活产生对话；四是教育的向度，它是非制式的潜在教育，可提供给人们有效的文化学习。①

（二）发展策略

至于文化产业的发展策略，若以推动与执行来说，可以从下列方面着手：

（1）在政府方面，主要负责文化产业政策之推出与执行，例如文化产业愿景之提出、文化园区之选定、地方文化馆之兴建、文化活动经费之挹注等。

（2）在企业方面，主要是本着回馈社会之心，以其高度之效能，承办政府所委托之文化产业活动，或以经费协助小区，保存其传统文化资产，并发展其文化产业。

（3）在小区方面，则通过小区总体过程，自动、自主地寻找共识，提出文化产业发展构想，并向外寻找经费支持和专家协助，最终由小区居民自己动手，把这些文化产业开发出来。

（4）在学校方面，小区内或小区附近的中小学，除了正常的课程与教学，也是小区培训的平台，通过中小学教师的热心参与，便能使小区动起来。同时，教师们也可以通过户外教学活动进行拓展。

（5）在个人方面，有工艺技术或创意能力的人，固然可以通过小区教学活动，开发各种艺术或创意商品，甚至建立创意工作坊，即使是小区内的一般民众，也可以学习或欣赏本小区的文化产品。这样不但使他们能向外宾观光客进行文化产品解说，也能增强他们对本小区的光荣感与认同感。②

如从文化产业推动的渠道来说，下列二者是台湾文化产业发展最常见的策略：

（1）小区总体营造。

以小区总体营造来带动文化产业的发展，是一项"有效"的策略。因

---

① 黄世辉：《小区自助营造的理论与机制》，《建筑情报》2002 年。

② 黄世辉：《文化产业需要另一种思维——小区重建与文化产业发展》，《劲草小区协力报》2000 年第 3 期，第 7 - 9 页。

为，每个小区都有它的特有产业、聚落空间、民俗庙会活动、人物事迹、文化活动等，如果能把这些文化资源适度地加以整理、强化、包装、营销，即有可能发展成为文化产业，而文化产业又有可能为小区带来经济利益，提供地方就业机会，推动地方文化观光，从而繁荣地方。①其次，通过"产业文化化"或"文化产业化"的过程，也可使小区居民重新发现小区文化、重新重视地方产业，从而培养出对小区的认同感和向心力。再进一步说，任何文化的发展与永续，也必须根植于地方、小区，也只有地方、小区所创造、开发出来，纯粹由民间成长出来的文化，才是具有生命力的文化。因此，文化产业也必然是要根植于地方和小区，才能得以永续发展。②

但是，小区总体营造要如何选择它想要开发的文化产业？李干铭的意见很值得参考：①该产业必须是当地的传统产业，亦即该项产业是当地民众以往的经济来源，或是普遍的民生用品；②该项产业须在当地具有可辨识性，及当地居民对它有认同感，且它属于当地各种产业中的强项（或特殊）产业；③该项产业能为居民带来经济效益；④该项产业能提供给当地多数人就业机会，以满足基本生活需求。③

（2）公私协力伙伴合作。

所谓公私协力就是政府除了基本的、重要的、需展现公权力的政务外，对于像文化产业推动这样的业务，尽量不必亲力亲为，而宜与企业、非营利组织和个人等合作，各自发挥自己的专长和所拥有的资源，进行互补式的分工合作，以发挥最大的效率。在协力的过程中，应注重沟通、承诺、公平、技巧、信任与尊重，以建立良好的伙伴合作关系。以台湾文化产业而言，有由政府兴建和营运者，如屏东的先住民族文化园区、台东的史前博物馆、新竹的眷村博物馆、桃园的客家文化馆、南投埔里的酒文化馆等；有由企业兴办和营运者，如南投的九族文化村、台东的布农部落屋、台北的顺益先住民博物馆等；有由部落或小区兴建营运者，如嘉义的达娜伊谷和茶山部落等；有由私人成立者，如花莲的马太鞍邦查文史工作室、苗栗的山芙蓉咖啡和薰衣草森林等。这些企业、部落、小区或个人的文化产业，与政府的文化产业可说是同时并进。而在某种软硬件设施或活

---

① PRENTICE R. Tourism and heritage attractions. New York：Routledge，1993.

② LIU C Z. Study on citizen participation in the process of Village Renewal—the Germany experience. Journal of agricultural economics，2002，71. 蒋玉婵：《地方文化产业营造与小区发展》，《小区发展季刊》2004 年第 107 期，第 241－252 页。于国华：《"小区总体营造"理念的探讨：全球化趋势下的一种地方文化运动》，台北艺术大学硕士学位论文，2002 年。

③ 李干铭：《台湾地方产业融入小区营造的模式》，高雄师范大学硕士学位论文，2004 年。

动的举办上，这些企业也多多少少能获得政府的委托或赞助，形成与政府互补的效果。

三、新竹县客家文化产业的主要内涵

文化产业的内涵到底包括哪些项目，就台湾的文化产业而言，辛晚教的分类项目与内容应该是比较适当的。他把文化产业分为下列六大项：①

（1）历史文化资产：如庙宇、宗祠、传统聚落、历史建筑、古迹等维护保存与活化利用。

（2）乡土文化特产：如地方小吃、土特产品、地方工艺等包装与营销。

（3）民俗文化活动：如庙会、节庆、生活礼俗、地方戏曲等推动。

（4）自然休闲景观：如生态公园、观光果园、特殊地形地貌景观等规划与解说。

（5）文化创新活动：如客家桐花祭、垦丁风铃季、茶山凉亭节等推展。

（6）地方文化设施：如文化中心、文物陈列馆、民俗博物馆、人物纪念馆等运用展出。

那么，新竹县的客家文化产业有哪些？本文根据新竹县文化局及县内各乡镇市公所、农会网站之资料，将该县主要客家文化产业内容，汇整如表1所示：

表1 新竹县客家文化产业的内容概览

	历史文化资产	乡土文化特产	民俗文化活动	地方自然休闲景观	文化创新活动	地方文化设施
竹北市	问礼堂、采田福地、林家祠、新瓦屋	兰花、乌鱼	义民文化祭	拔子窟乌鱼养殖场	国际花鼓艺术节	文化中心、登元六家、刘河北文化艺廊

---

① 辛晚教：《文化生活圈与文化展演设施规画理念》，地方文化与区域发展研讨会，1995年。

（续上表）

	历史文化资产	乡土文化特产	民俗文化活动	地方自然休闲景观	文化创新活动	地方文化设施
新埔镇	义民庙、张氏宗祠、陈氏宗祠、刘家祠、潘宅	柿饼、柿染、水梨、柑橘、粄条	义民文化祭、天穿日	巨埔农场、照门休闲农业区	柿饼文化节、水梨文化节、粄条节、客家桐花祭	动态文物馆、宗祠博物馆、德兴古代文物馆
北埔乡	金广福公馆、天水堂、姜阿新宅、北埔老街、慈天宫	膨风茶、番薯饼、擂茶	义民文化祭、中元戏、妈祖戏、观音戏	九芎湖农场、番薯、烃伯窑、南埔生态村	北埔膨风节、客家桐花祭、北埔柿饼节	膨风茶文物馆、地方文化馆、邓南光影像馆
竹东镇	苏宅武功堂、陇西堂	柑橘	天穿日、伯公信仰及节庆	生态河滨公园	天穿日、客家歌谣赛	萧如松艺术园区、树杞林地方文化馆、竹东树林、名冠艺术生活馆、瑞龙博物馆、文物协会收藏馆
芎林乡	广福宫、代劝堂	海梨、柑橘		湿地农场、富林农场	客家桐花祭	蛋之艺博物馆、邓雨贤纪念公园
横山乡	内湾老街	客家花布、野姜花粽	义民文化祭	樱花园休闲农庄	内湾线系列文化节、萤火虫季、客家桐花祭	民俗文化馆、刘兴钦漫画馆、意念工房、内湾戏院

（续上表）

	历史文化资产	乡土文化特产	民俗文化活动	地方自然休闲景观	文化创新活动	地方文化设施
湖口乡	湖口老街、三元宫	彩绘风铃、芋饼	行春宴	大窝口休闲农业园区	古街巡礼系列活动、水芋节、客家桐花祭	
关西镇	郑氏祠堂、范家古厝	石艺、兰花、速溶仙草、柑橘、番茄	义民文化祭	士明西红柿农园、华山休闲农场	仙草文化节、客家桐花祭	名人雕像馆、金广成文化馆、德宝博物馆
峨眉乡	金刚寺、元光寺	膨风茶、桶柑、茂谷柑		十二寮休闲农业园区	客家桐花祭、桶柑节	茶叶展示中心、富兴茶叶文化馆、天恩弥勒佛院
宝山乡		橄榄			桶柑文化节、客家桐花祭	烛艺文化馆、沙湖坜艺术村

　　由表1所列，可见新竹县的客家文化产业，内容极为丰富。就历史文化资产而言，主要分布于竹北市、新埔镇、北埔乡；就乡土文化特产而言，主要产地在新埔镇、北埔乡、关西镇；就民俗文化活动而言，主要以新埔和北埔为盛；就地方自然休闲景观而言，则比较普及，各乡镇都有，但以新埔、北埔为多；就文化创新活动而言，则客家桐花祭贯穿新埔、北埔、芎林、横山、湖口、关西、峨眉和宝山各乡镇，但新埔、北埔还有各项创新文化节庆；就地方文化设施而言，除湖口较为缺乏之外，其他乡镇市均有不少文化设施，其中最有名的，则当属新埔、北埔、竹东、横山等乡镇市。因此，本文拟以新埔和北埔为例，扼要说明其境内客家文化产业的发展内涵。

（一）新埔镇的文化产业发展内涵

新埔镇位于新竹县之东北方，凤山溪与霄里溪汇合口，除水稻外，有茶叶、柑橘、柿子、水梨等农产品，初为道卡斯族居住地，后客家人在清朝初期后及日据时代逐渐迁入，至今遂成为客家聚落。

新埔镇的主要文化产业，包括以下各项：

1. 义民庙

清乾隆年间，台湾发生林爽文之乱（1786—1788年），新埔地区民众为保乡卫民，组织地方武力协助清廷平乱，牺牲惨重。乱事平定后，地方乡绅集资将死亡者集体安葬，后奏请朝廷，将之封为"义民"，1790年设立"义民庙"，遂成为台湾客家民间信仰之一大特色，新埔义民庙也成为全台义民庙信仰之中心。

2. 家祠、宗祠、古厝

新埔镇文化古迹颇多，其中家祠、宗祠、古厝密布。自清代以来，新埔的移垦至今已有三百年历史，其中以蔡、陈、潘、朱、刘、郭等大姓为主，留下了不少的祠堂古迹。例如刘家祠以"燕尾多"为特色；刘氏双堂屋为典型四合院祖堂，为新竹地区规模最大的传统客家农宅；潘宅是一座"一堂四横"的建筑，讲究风水之学；陈氏家庙以建筑精美著称，当年许多异姓单身汉亦曾寄田名下，死后若无子嗣，亦得以受祀于陈家，这种"合约制家族"的祭祀方式，相当特殊。以上这些家祠、宗祠和义民庙已被公告为县定古迹。

3. 柿饼、水梨、柑橘、粄条

新埔本来盛产水梨和柑橘，日据时期还销至大陆、香港等地，但台湾光复（1945年）后，柑橘因虫害而没落，水梨虽仍盛产，但因大台中地区也产梨，且质量更佳，因此新埔的水梨名气渐被取代。而新埔的柿子则远近闻名，2005年以后，新埔开始发展柿染及柿饼美食料理，而创造了真正的文化产业。[①]

粄条是台湾客家人的主食之一，新埔镇上粄条店众多，最负盛名的有日兴粄条、日升粄条、日盛粄条等，加上东坡烟肠（水烟肠）、锦兴豆腐等，形成新埔的客家饮食文化。

4. 义民文化祭

义民文化祭可以说是台湾最盛大的客家庆典之一，于每年农历七月举

---

① 陈彦羽：《关键网络与地方文化产业发展：以新埔镇旱坑里柿饼文化产业为例》，台南大学硕士学位论文，2001年。

行，长达三天三夜，由桃园、新竹、苗栗三县十五联庄轮流举办。每到举办时，各地客家子弟都会赶回来，加上游客、信徒的参与，气氛更是热闹。义民文化祭除了祭拜义民外，也普度孤魂野鬼，以求平安。整个仪式包括起灯嵩、放水灯、立鬼王、奉饭、赛神猪、吃糖粥等，相当有特色。①

5. 休闲农业区

新埔的休闲农场比较有名的包括巨埔农场和照门休闲农业区。巨埔农场有育苗中心、蝴蝶复育区、萤火虫复育区、独角仙生态区、水生植物区等，游客可以现场采果、泡茶、用餐，也可以购买香草制作的肥皂、饼干、精油。照门休闲农业区包括九芎湖和箭竹窝两个休闲园区，以及鸳鸯、伊豆、金谷、悠然山庄、创意餐坊等商家，提供各种农业产品和客家美食。

6. 柿饼文化节

新埔生产柿子，又由于九降风的独特气候，新埔的柿饼特别香韧绵密。新埔柿产业者也坚持以天然日晒古法来保持柿饼的口感。1998年，镇公所举办第一届"金色铃铛——新埔柿饼节"，结合当地中小学及小区发展协会，共同举办各种表演节目，推出手工柿饼DIY、古迹导览、摄影节等活动，大大促进了柿饼的销售量。

7. 客家桐花祭

客家桐花祭是"客委会"推出的客家创新节庆活动，于每年4—5月桐花盛开时举行，动员的能量很大，2010年就创下600多万旅游人潮，缔造新台币200多亿的佳绩。新埔2006年首次举办客家桐花祭，这对客家文化活动的发展帮助甚大。②

8. 宗祠博物馆

新埔镇有众多的宗祠、家祠，于是县文化局于2000年提出"宗祠博物馆"的计划，拟将这些宗祠、家祠串联起来，成为新埔发展旅游的资源，并从事资源调查、开设小区培训课程等工作，以作为小区发展的基础。

9. 吴浊流故居

新埔还有一项人文资产，即客家文学名家吴浊流的故居"至德堂"。吴浊流的小说有《水月》《泥沼中的金鲤鱼》《亚细亚的孤儿》等，诉说日据时期台湾客家人的悲苦，对台湾文学颇有贡献。未来如能把吴氏的小

① 林春兰：《2007年新埔联庄义民节中元祭典区内四座里之"献午供"纪实》，《新竹文献》2008年第33期，第39－45页。

② 曾郁菁：《地方文化产业之营销策略——以新埔镇为例》，元智大学硕士学位论文，2012年。

说故事、人物、情节加以开展，融入地方实景，当是很好的文化资产。①

（二）北埔乡客家文化产业的主要内涵

北埔乡位于新竹县的中南部，中港溪流经其间，地形以山坡丘陵地、河谷平原和河阶台地为主。农产品有水稻、甘薯、茶叶、柿子、柑橘等。北埔原为赛夏族居住地，后有道卡斯族进入，到 18 世纪中叶以后才开始有客家族群在此开垦。日本据台之初，曾在此地发生激烈战斗，尤以 1895 年抗日事件和 1907 年的"北埔事件"最为有名。

北埔乡的文化产业，主要有以下各项：

1. 金广福公馆与天水堂

清道光十四年（1834），淡水同知李嗣业为防先住民侵扰，示谕北埔姜秀銮与周邦正向闽、粤两籍富绅募款，组成"金广福垦号"，金广福公馆即为当时处理垦务的办事处，至今已有一百七十余年历史。目前已被列为台湾一级古迹。天水堂建于清道光十二年（1832），为姜秀銮的民宅，又称姜家大房。天水堂建筑格局完整，比例完美，为客家传统建筑佳作，具有贵族气脉象征。②

2. 姜阿新故宅

该故宅为姜秀銮后人姜阿新于 1946—1949 年兴建，因姜阿新经营茶叶有成，客户遍及欧亚，因而建此豪宅，既可接待宾客，又可显现商场魅力与舒适之居家。它是一栋仿欧式的巴洛克建筑，外观大方气派，内部则以原木装潢，手工精巧细致，深具美学品味。1995—1996 年，金广福文教基金会对此故宅投入修复工作，并于 2001 年被推选为"县定古迹"。姜阿新故宅作为北埔的文化资产，又与金广福公馆、天水堂连成一线，故也发挥了吸引文化产业消费者的功用。

3. 慈天宫及其前后广场

慈天宫为北埔乡民信仰中心，主祀观音菩萨，左右则奉五谷皇帝、三官大帝、三山国王等神祇。该庙创建于清道光二十六年（1846），1853 年迁至现址，清同治十年（1871）再扩建，即为今日之规模，现为县定（三级）古迹。其庙埕前后，商家林立，且广场亦可作为表演场所。

4. 客家擂茶与糕饼业

擂茶是客家族群的养生茶，流行于台湾的客家地区如桃园、新竹、苗

①　曾昭儒：《地方文化营销策略研究——以新竹县新埔镇客家古迹文化为例》，台北大学硕士学位论文，2011 年。

②　"天水"为姜家的堂号，即汉代的天水郡，在今甘肃省通渭县。

栗等地，它的主要成分是生茶、生姜、生米，研磨成粉状冲热开水后食用，与广东、福建地区之咸味擂茶完全不同。在21世纪之初，北埔擂茶曾风行一时，街上擂茶店曾多至30家以上，现在则只剩十余家。①

在糕饼业方面，北埔的柿饼最为有名。北埔农会每年底举办柿饼季，配合地方民俗文化活动，并以文学、音乐、表演等不同形式和产业包装的改进，让观光客兼有物质上和精神上的享受。此外，北埔尚有番薯饼、芋头饼和竹堑饼等。

5. 膨风节及其他节庆活动

1998年，北埔举办"膨风节"，其中除了所谓"吹牛比赛"外，最精彩的活动当属斗牛表演，此一节目把北埔的知名度打开，尔后再链接地方组织、中小学、商家、民宿经营者，共同打造这一小区节庆。北埔除膨风节外，还有端午包粽子、大隘平安戏、全街搓汤圆和踩酸菜等节庆活动，都颇能吸引观光客前往参与。②

6. 北埔地方文化馆和膨风茶文物馆

自2002年起，为配合台湾旅游发展方案、新故乡小区营造计划等大型计划，地方文化馆成为"文建会"的重要建设计划，北埔借此推出成立地方文化馆的计划，对原来闲置的北埔卫生所加以改建，2004年正式成立"北埔乡地方文化馆"，一方面保存北埔具有特色的传统客家文化，另一方面推广乡土教育及文化产业机制。至于"膨风茶文物馆"则由"北埔第一栈"茶行所成立，内有北埔茶叶走廊、制茶流程、客家擂茶、户外教学、客家美食天地、北埔古迹介绍、农特产品介绍、茶叶分类、附近景点介绍等，内容丰富，因此成为北埔乡游憩重要据点，甚至引起国际观光客之注目。

7. 邓南光影像馆

北埔在日据时期曾出现邓南光、阮义忠和叶裁等知名摄影家，其中邓南光更为出名，曾创办台湾摄影文化协会，用一生行脚，记录台湾与北埔的历史。因此，邓南光的故事以及他数以万计的摄影作品，已为北埔的文化遗资保存了北埔的历史记忆。

四、新竹县客家文化产业发展的分析

在了解新竹县客家文化产业的发展内涵后，我们可以用SWOT模式，来分析其优劣得失。

---

① 许惠捷：《北埔在地客家认同的浮现与转化》，台湾清华大学硕士学位论文，2011年。
② 许惠捷：《北埔在地客家认同的浮现与转化》，台湾清华大学硕士学位论文，2011年。

首先，在内在优势（Strength）方面，新竹县的客家文化产业发展，可谓拥有相当丰富的文化资产，前列表 1 所示即可证明。即以新埔镇和北埔乡为例，不但有三级古迹多处，甚至有一级古迹（金广福公馆），有最能代表客家人敬天法祖、慎终追远精神的众多宗祠家祠，也有代表客家信仰特色的义民庙，更有众多的文化节庆如桐花祭、义民文化祭、柿饼文化节、北埔膨风节等，还有地方文化馆和休闲农业区等，可见其人文资源之丰富。

内在的劣势（Weakness）方面，无可讳言的是，新竹县有许多文化产业点都处在比较偏远或交通不便的地区。首先，新埔虽离高速公路不远，但毕竟离县治竹北市和新竹市有一段距离，北埔则位于山区，一般游客比较不愿前往。至于芎林、横山、峨眉等乡，则更偏远。如果没有强力的宣传或交通条件的改善，观光客就会忽略这些地方。其次，如果文化产业所呈现的产品太过雷同，游客、消费者也容易产生单调、乏味之感，例如太多的宗祠、家祠、庙宇，如果没有其他文化产业的加入，则游客可能参观一两处就想走了。再次，客家桐花祭虽然很热闹，但如果每年都是歌唱比赛、小朋友舞蹈、客家山歌吟唱、打糍粑，也会让观光客产生疲乏之感。①

外在威胁（Threat）方面，首先，文化产业本来就存在风险和信赖的问题，由于文化产业的产品购买为"非必要性消费""充满主观偏好"及"偏好的快速转移"，因此其生命周期可能不长，每一个产品都有可能随时被取代甚至被淘汰，这使得经营者必须面对许多风险。而信赖则包括与政府、企业、银行、同业、小区居民及消费者间的信赖，它们都可能发生不确定、不易整合的情形，因而可能产生政策中断、银行不愿贷款、小区居民反对等情形，对文化产业造成很大的困扰。② 其次，文化产业如果得以发展，又要面临同业的激烈竞争。以新埔和北埔为例，它们的客家美食就要受到邻县桃园县和苗栗县的竞争，休闲农业区也有类似的威胁。

外在机会（Opportunity）方面，首先，近年来休闲观光风气的盛行，以及客家文化受到政府及主流社会的强力支持，应是客家文化产业发展最大的"机会"。其次，两条南北高速公路及两条纵贯公路都经过新竹县境，尤其近年来通车的高速铁路，都为新竹县客家文化产业的发展，带来极大的机会，虽然这些铁路、公路无法完全近接县内的各文化产业景点，但在地方县乡道路的联结上，应无问题，只需政府和经营者妥为宣传，提供详

---

① 陈定铭：《台湾客家桐花祭的政策窗口与政策企业家析探》，2006 年。
② 古宜灵、廖淑容：《文化产业政策发展的趋势与问题》，《都市与计划》2004 年第 31 卷第 2 期，第 91 – 111 页。

细、精确的交通信息，应可改善其前述之内在弱势。再者，开放大陆观光客来台观光，也为台湾的文化产业带来许多商机，新竹县的客家文化产业，自然也同蒙其利。这些都是明显的外在机会。

再者，如从文化产业的特色来观察，可以用新埔、北埔的客家文化产业为例来加以检验，如表 2 所示：

表 2　新竹县客家文化产业特色检验：以新埔、北埔为例

	品位和美感	地方特色	创意和想象力	细腻度	生活性和真实性	适当包装和营销
金广福公馆及天水堂	√	√		√	√	√
姜阿新故宅	√	√	√		√	√
宗祠、家祠、古厝	√	√			√	
义民庙	√			√	√	
义民文化祭		√	√		√	√
慈天宫	√	√		√	√	
柿饼、柑橘、水梨、粄条	√	√	√		√	√
柿饼文化节、水梨文化节	√	√	√		√	
客家桐花祭	√	√	√	√	√	√
照门休闲农业区等	√	√	√	√	√	
客家擂茶	√	√	√	√	√	
北埔地方文化馆		√			√	
北埔膨风茶文化馆		√	√	√	√	√
膨风节和地方节庆		√	√		√	
邓南光影像馆		√	√	√	√	√

注：笔者自行整理。

如表 2 所示，可见在品位和美感方面，有些地方文化馆或许还有改善的空间。在创意和想象力方面，由于金广福公馆和天水堂尚未整修、义民庙属宗教信仰重地，而宗祠、家祠也涉及祖先，都是比较严肃性的建筑，似乎不能挥洒创意和想象力，但仍可以发掘其传说故事，作为导览题材。

在细腻度方面，若干土特产品及其相关节庆，在产品上可以再力求精致一些。至于在包装和营销方面，宗祠、家祠、寺庙、地方文化节庆、地方节庆等，都有改善的空间。

最后，若从文化产业所采用的发展策略来分析，则新埔、北埔的客家文化产业表现如何？我们亦可检验，如表3所示。可见在"与小区总体营造相结合"方面，除少数文化产业项目外，大多数是肯定的；在"以公私协力伙伴合作推动"方面，则有比较多的文化产业尚未采用；至于在"与文化节庆活动相结合"方面，则大多数的文化产业都采用了一些策略。

表3　新竹县客家文化产业发展策略检验：以新埔、北埔为例

	是否与小区总体营造相结合	是否以公私协力伙伴合作推动	是否与文化节庆活动相结合
金广福公馆及天水堂			
姜阿新故宅	√	√	
宗祠、家祠、古厝	√	√	√
义民庙	√	√	√
义民文化祭	√	√	√
慈天宫	√		√
柿饼、柑橘、水梨、粄条	√	√	√
柿饼文化节、水梨文化节	√	√	√
客家桐花祭	√	√	√
照门休闲农业区等		√	√
客家擂茶	√		√
北埔地方文化馆	√	√	
北埔膨风茶文化馆	√	√	√
膨风节和地方节庆	√		√
邓南光影像馆	√		

注：笔者自行整理。

五、研究发现与建议

文化产业的理论有悲观论和乐观论之分，悲观论者如法兰克福学派和批判政治学派，他们认为文化产业是富人剥削穷人、政府宰制人民的工具

或手段，是社会贫富差距扩大的罪魁祸首；乐观论者如多元主义学派和文化民粹主义学派则认为，文化产业偏向于大众文化，具有通俗性、亲近性，对民众文化素养的培育，具有一定的贡献，而且文化产业产品也有其美感和创意，故不宜一味地加以排斥。从本文的分析，笔者赞成乐观论者的主张，其实这也就是为什么近一二十年来文化产业能在世界各国大行其道的原因。

当然，要让文化产业具有品位和美感，具有创意和想象力，具有地方特色又融入居民生活，则是各国政府、文化产业从业者和小区居民应不断努力的目标。就新竹县尤其是新埔和北埔的客家文化产业而言，以下几点是今后可以努力的方面：

（1）加强宣传和解说。新竹县的文化资产丰富，有利于开发文化产业，新埔和北埔就是很好的证明，但其宣传似乎不够，解说方面也有改善空间。在宣传方面，首先，可由新竹县出面，制作全县及各乡镇市的观光导览地图、旅游行程交通图等，放置于网站上供游客下载打印；"客委会"亦可协助制作客家文化景点文化产业手册，供游客购买。其次，在解说方面，各乡镇市公所可与文史工作者配合，搜集、汇整、制作各项客家文化产业的解说资料，培训解说人员，进而为游客提供丰富、精确、有趣而充满启发的解说服务。

（2）规划套装行程。新竹县的文化资源是多样化的，而且各乡镇市也各有不同的文化产业，因此似可加以组装成为套装行程，每一套行程都可观赏、体验、购买若干文化产业产品。例如：竹北（采田福地、新瓦屋）、新埔（柿饼文化节、照门休闲农业区）、关西（范家古厝、仙草、柑橘）；竹东（萧如松艺术园区、名冠艺术生活馆）、横山（内湾老街、樱花农庄、萤火虫季）、北埔（客家桐花祭、膨风茶文物馆、金广福公馆、姜阿新故宅）等。如此安排，可以考虑到游客口味的调剂，也可以依季节的变化和文化节庆的举办时间，而分别推出不同的行程，内容既丰富多元，又不致重复乏味。

（3）市场的区隔与产品的差异化。客家文化产业目前虽已成为台湾文化观光的热点，但各县市都举办客家桐花祭、义民文化节和柑橘文化节等，产品难免雷同，加上桃园、苗栗等县也会举办相同的活动，而且是年年举办，久而久之，就会造成观光客的视觉味觉疲乏。因此，各乡镇市的文化产业产品，应进行市场区隔与产品的差异化策略。例如市场可区隔老年人、中年人及年轻人，以及岛内观光团、大陆观光客及散客等，针对不同的消费族群，宜推出不同的文化产品。同样是客家桐花祭，各乡镇市也宜规划出不同的文化活动，以避免到处都是小朋友跳客家舞、阿公阿婆唱山歌之类的活动。

（4）搭配地方节庆推出文化产品。本文前曾述及，"与地方文化节庆相互配合"是文化产业发展的重要策略之一，而客家传统节庆颇多，例如春节、元宵火旁龙节、伯公节（农历二月二日）、天穿节（农历正月二十日）、清明节（阳历四月五日）、义民祭（农历七月二十日）、重阳节（农历九月九日）等，因此文化产业可以规划在这些节庆期间，推出各种文化商品及艺文活动，以创造全年持续的气势。①

（5）与学校及研习机构结盟。台湾的中小学有户外教学活动，而公、私部门也有很多研习活动，文化产业的经营者可以设法与这些学校和研习机构相互配合，不但可以争取更多客源，而且也可以将客家文化推广给更多的民众，这些文化包括客家宗祠、家祠等历史建筑，及其背后的垦拓历史与开拓精神；客家美食的特色及其所蕴含的客家生活方式；老街的历史及地方发展特色；还有种种生态保育与休闲方式的知识等。

（6）以全球客属为目标。台湾客家人虽源自大陆客乡，但数百年来的发展，也使得台湾的客家文化具备了许多差异性。而近二十年来台湾客家文化产业的发展，更创造了客家文化蓬勃发展的新貌。但这样的文化产业，应该有迈向全球化的胸怀，至少也应以全球六七千万客家人为目标，把更精致、更有创意、更具美感的客家文化产品，介绍给全球客家人，并吸引各地客家人来台旅游，这样才能扩大客家文化的全球化发展。

---

① "客委会"现已规划客庄十二大节庆，也有串联全台整年客家节庆的用意，包括阳历一月的高雄美浓"迎圣迹·字纸祭"、二月苗栗火旁龙节和新竹"天穿日"、三月的南投"抢成功鹿神祭"、四月的北台湾桐花祭、五月的苗栗客家文化节、六月桃园龙潭农神祭和水神祭、七月花莲鼓王争霸战、八月新竹义民文化祭、九月桃园平镇踩街嘉年华、十月高屏六堆嘉年华、十一月新竹国际花鼓艺术节和十二月的收冬戏。

创新与融合：台湾客家文化创意产业对梅州的启示

冷剑波①

　　21世纪初，以"客家桐花祭"的成功推出为标志，台湾客家文化创意产业逐渐勃兴。经过十余年的发展，台湾的客家文化创意产业取得了令人瞩目的成就，但也暴露出了一些不足和问题。作为台湾客家人的原乡，梅州近年来也开始逐渐重视客家文化创意产业的发展，在"十二五"规划中更提出了要把梅州建设成为"全国知名的客家文化产业城"的宏伟目标。他山之石，可以攻玉，参考和借鉴台湾的经验，对于梅州更好地发展客家文化创意产业，对于梅州幸福导向性产业的提升，都将起到十分积极的作用。

一、台湾发展客家文化创意产业简况

　　文化创意产业是文化产业发展到新阶段的产物。文化创意产业与创意产业内涵极为相似。按照英国的定义，创意产业是指"源于个体创造力、技巧及才能，通过知识产权的生成与利用，而有潜力创造财富和就业机会的产业"②。2002年，我国台湾地区借鉴英国创意产业发展经验，提出发展文化创意产业，将其定义为"源自于创意或文化累积，透过智慧财产的

---

　　① 冷剑波，嘉应学院客家研究院助理研究员、中山大学民俗学专业博士。
　　② 俞龙通：《文化创意　客家魅力：客家文化创意产业观点、策略与案例》，台北：师大书苑有限公司，2008年，第31页。

形式与运用，具有创造财富与就业机会潜力，并促进整体生活提升之行业"①。依据澳大利亚经济学家大卫·索罗斯比（David Thorsby）在《经济与文化》一书中的说法："文化创意产业具有三大特色：第一，文化创意产业活动会在生产过程中运用某种形式的'创意'；第二，文化创意产业活动被视为与象征意义的产生和沟通有关；第三，文化创意产业的产品至少有可能是某种形式的'知识产权'。"② 依此而论，客家文化创意产业就是将创意带入具有悠久历史和丰富内涵的客家文化，使其发挥产业的功能并产生经济效益。

台湾客家文化创意产业在政府政策的有力推动下，结合自身特色、完整继承大陆客家传统文化、辅之以自由开放的社会环境、大量海归创意人才带来的国际视野和营销经验等有利因素，经过十余年的发展，取得了令人瞩目的成就，塑造了一批知名的文化品牌、企业品牌和人师品牌，也为大陆原乡的客家文化创意产业发展提供了宝贵的经验。笔者两次在台湾交流学习期间分别参观考察了北部"桃竹苗"地区（桃园、新竹、苗栗）和南部"高屏"地区（高雄、屏东）的客家文化创意产业发展情况，对其蓬勃活力感触极深。

台湾于1995年首次举办了"文化产业研讨会"，在此次研讨会上提出的"文化产业化、产业文化化"概念，得到台湾地区政界、商界和学术界的普遍认同。2002年，台湾地区行政管理机构将三个方面的产业归入文化创意产业范畴，包括文化艺术核心产业（表演艺术、视觉艺术、传统民俗艺术等）、设计产业和创意支持与周边创意产业（展览、会展策划、营销出版、流行文化包装等）。该计划试图通过行政力量为文化创意产业营造发展环境，推动其快速发展。目前，该计划取得了令人瞩目的成绩，"2007年文化创意产业经济组织总数增至50 667家，较2002年增长了13.32%，文化创意产业营业额由2002年4 352.6亿新台币增至2007年的6 329.4亿新台币"③。

"客家委员会"是台湾地区行政管理机构于2002年设立的推动客家事务的专门行政机构，以期保护和重振在台湾日渐式微的客家文化，其在成立的当年即提出了"创造客家文化产业振兴环境"的计划，提出"发展客

① 俞龙通：《文化创意 客家魅力：客家文化创意产业观点、策略与案例》，台北：师大书苑有限公司，2008年，第20页。

② 俞龙通：《文化创意 客家魅力：客家文化创意产业观点、策略与案例》，台北：师大书苑有限公司，2008年，第29页。

③ 徐延：《文化创意产业概念辨析》，《当代传播》2007年第4期，第84－86页。

家饮食文化产业，办理客家创意产品行销与推广，辅导客家地区特色产业经营，办理客家地区社会经济力产业状况调查、特色文化加值产业发展和人才的培育等"①。从此，客家文化创意产业在台湾各客家地区开始飞速发展。"自'客委会'成立之后，台湾各地的客家庄活力旺盛，正在创造新的传统，这些新的传统包含过去客家文化的重新诠释，也有些则是全新的创造，在未来均将成为客家文化的新传统，或成为客家的文化创意产业。"②

目前，台湾的客家文化创意产业已经形成了从南到北遍地生根的局面。客家文化的诸多类别，如食物类的客家美食，服饰类的客家蓝布衫，民居建筑的三合院，民俗信仰的三山国王庙、义民庙，文艺类的客家山歌、采茶戏和八音，以及客家节庆、客家文学作品等均进行了创意产业开发；已建成南（六堆）北（苗栗）客家文化园区、新竹客家文化园区、台北县客家文化园区、台东县客家文化园区等数个大型客家文化园区，其他客家地区均设立了客家文化会馆；形成了以客家桐花祭、义民文化祭、客家花鼓艺术节等"客庄十二大节庆"活动为代表的一大批客家文化节庆活动。③ 这些客家文化创意产业项目大都取得了不错的经济效益，以每年一届的"客家桐花祭"为例，2010年共吸引超过648万参观人次，创造了231亿新台币（约50亿人民币）的经济产值。

台湾在借鉴西方经验、倡导客家文化创意产业的过程中，颇有想法地加入了自身的理念，即具有明确的目的性和价值导向。在台湾，客家文化创意产业不仅具有明显的经济功能，还具有保护客家文化和提升生活品质的明确目的性，这是台湾发展客家文化创意产业的一大特色与优势。目前，台湾岛内与客家文化创意产业相关的学术研讨会、征文活动持续不断；各客家地区立足当地文化资源，竞相追求个性文化内涵的发掘、创意、设计与塑造，以求形成鲜明特色和核心竞争力；客家文化创意产业已

---

① 俞龙通：《文化创意　客家魅力：客家文化创意产业观点、策略与案例》，台北：师大书苑有限公司，2008年，第103页。

② 刘焕云：《社区营造与文化产业再造之研究》，见洪泉湖、刘焕云：《多元文化、文化产业与观光》，台北：扬智文化事业股份有限公司，2010年，第160页。

③ "客庄十二大节庆"活动年表：一月：高雄县美浓镇"迎圣迹·字纸祭"；二月：苗栗县"火旁龙"，台中县东势镇"新丁板节"，屏东县"六堆祈福""攻炮城文化祭"，新竹县竹东镇公所"天穿日"；三月：南投县"抢成功鹿神祭"；四月：客家桐花祭；五月：苗栗县头份镇"头份4月8客家文化节"，苗栗县"三义云火龙节"；六月：桃园县龙潭乡"桐舟共渡归乡文化季"；七月：花莲县瑞穗乡"欢喜锣鼓满客情鼓王争霸战"；八月：新竹县义民文化祭；九月：桃园县平镇市"客家踩街嘉年华会"；十月：六堆嘉年华；十一月：新竹县国际客家花鼓艺术节；十二月：客家传统戏曲收冬戏。

贯穿于教学、科研、人才培训、产业发展、产品销售的各个环节之中，形成了较好的发展局面。

当然，经过十余年的发展，台湾的客家文化创意产业也暴露出了一些问题。首先是政策上，目前台湾文化创意产业的发展，在政策执行上面临最大的问题是"缺乏完整周延的政策执行方式及相关配套措施"，"相关主管机构多头马车，令出多门，行政作业流程烦琐。'客委会'有自己的文化创意产业政策，'文建会'有地方文化馆等政策，'农委会'和'观光局'也都各自为政……这是许多业者内心深处的呐喊和无奈之所在"①。其次是对从业人员而言，文化产品对创造者个人的素质依赖极高，文化创意产品的价值有很大部分是体现在消费者心理和精神层面的，这种特性决定其不适合大规模复制，大部分中小文化创意企业缺乏资金和经营人才，产业化经营的难度较大，这也使得台湾目前虽然客家文化创意产业在各地开展得有声有色，但真正壮大的却不多。最后，就创意产品而言，模仿复制的风气还很盛，产品持续创意与创新不足，文化内涵的挖掘还不够深入，不少原本成功的客家文化创意产品出现了疲态的迹象。

二、台湾客家文化创意产业的经典个案：客家桐花祭

由台湾"客委会"主办的客家桐花祭，从 2002 年开始已经连续举办了 11 届，产生了巨大的社会效益和经济效益，成为台湾客家文化创意产业的代表。客家桐花祭于每年的春夏之交举办，时间长达两个月，地跨台北、桃园、新竹、苗栗、台中、彰化、南投等多个县市，涉及旅游观光、酒店餐饮、地方产业、文学艺术等多个行业，每年吸引游客超过 500 万，产值达数百亿新台币，成为台湾客家地区影响面最大、社会反响最好、经济效益最高的客家文化节庆活动。

（一）活动产生的背景

台湾的油桐树与台湾的客家人有着非常深厚的历史渊源。早在清康熙年间，大量闽粤客家人渡海入台，垦荒耕地，种植烤烟和油桐，当时与樟脑并称为台湾种植业的三大支柱产业。随着油桐种植业的发展，带动了与台湾客家人密切相关的油桐加工业，形成了现在台湾的油桐树分布区域也是客家人聚居区域的奇特现象。因此，油桐花自然而然地与客家形成了一种密不可分的关系，经过现代文学艺术的加工，最后成为台湾客家人主要

---

① 俞龙通：《文化创意 客家魅力：客家文化创意产业观点、策略与案例》，台北：师大书苑有限公司，2008 年，第 282 页。

的精神象征之一。

客家桐花祭灵感最初来自日本的樱花祭。"活动缘起于苗栗县公馆乡北河村一处油桐林下的百年伯公神坛，人们以过去客家人赖以为生的香茅油、樟脑、木炭、番薯等向土地、山神祷告，一方面是对山林大地的感激与崇敬，一方面也提醒依山而居的客家子弟再造乡土与人文的荣景，因此每年桐花祭除邀请大众赏花游览之外，另于活动开幕期间以简单祭仪精诚致意，以蕴含客家文化传统、肃穆、洁净、虔诚、祈福的精神，故以'祭'字为用，而策划了'客家桐花祭'这个活动。"①

（二） 创新与融合的主要方法

在台湾众多的客家文化元素中，选择桐花本身就极具创意。在当今社会，消费者在购买产品时，实用功能有时候已经不是最主要的考虑因素，"节庆活动的规划和设计，应该贩卖一种情绪、感动、概念和符号，才能契合消费者的需求，引发消费者的注意和购买"②。"开山打林"是台湾客家人共同的历史记忆，漫山遍野的雪白桐花在呈现一种唯美意境的同时，也传递了台湾客家人怀古的情思以及对美好生活的向往。

1. 祭文、祭典和文学创作深化桐花与客家的关系

客家桐花祭的创意团队用祭文、祭典和文学创作来塑造桐花与客家的密切关系，让客家桐花来诉说属于客家地区的独特故事。客家桐花祭的开幕典礼以客家传统的"九献礼"向山林表示崇敬，祭文由台湾客家文学大家李乔和客家研究知名学者陈运栋共同起草，内容摘要如下："天神、地祇、山君水灵、魍神水鬼：桃园县、新竹县、苗栗县、东势客家地区的田园山川、树木花草、飞禽走兽、游鱼，一切有形、无形的存在，这片生养台湾客家人、成长台湾客家文化的生态大自然，本人谨代表全体客家乡亲表达共生的诚心和深深的感恩……愿桐花祭的举行，不但是客家人对山林土地的感念谢恩，也是人对大自然重新认识的开始……愿客家人的心，像桐花纯净、清白、美丽……"③ 此外，每届桐花祭活动举办时，都会举行以桐花为题材的文学创作活动，一大批散文、诗词的问世，将客家桐花祭逐渐塑造成一个具有丰富文化内涵和深度的休闲观光节庆活动。

---

① 俞龙通：《文化创意　客家魅力：客家文化创意产业观点、策略与案例》，台北：师大书苑有限公司，2008 年，第 116 页。

② WEBSTER F. Information and postmodernism, theories of the information society. London: Routledge, 1995.

③ 俞龙通：《文化创意　客家魅力：客家文化创意产业观点、策略与案例》，台北：师大书苑有限公司，2008 年，第 125 – 126 页。

2. 整合客家地区重要的社团和社区发展协会，深耕客家文化，带动社区再造

具体的做法包括联合全台超过 90 个社团在各客家地区举办各种小型文艺活动，活动内容涵盖客家山歌、戏曲、八音、合唱、中西式音乐会，以及客家美食、陶艺 DIY、木雕 DIY、押花工艺 DIY 等。此外，也举办能够突显桐花意象和客家文化元素的大型活动，如开幕记者会、桐花树下文艺晚会、桐花主题音乐专辑制作等。另外还通过补助各大客家社区，举办新诗与写生比赛，客家美食体验，耆老讲话，苗木种植，花布香包，娃娃，卡片、风车制作，客家醒狮，武术表演和客家八音音乐会等。通过举办以上一系列的大小义化活动，在吸引人潮的同时，也带动了当地社会文化空间的再造，提升了人们的生活品质。这是客家桐花祭不同于一般的文化节庆活动偏重于经济效益的显著特色。

3. 艺术造点和景点打造

为深化体验内涵，提升休闲观光的深度，主要通过艺术造点和景点打造两个方法来进行。在艺术造点方面，如请艺术家将苗栗三义车站装点成桐花车站，将车站周边区域也用桐花元素进行整体美化，在车站及周边区域开设桐花相关产品专卖店，让人们一到苗栗就感受到浓浓的客家桐花祭的艺术氛围。西湖度假村是苗栗桐花祭的主要游客接待酒店，其中也融入了桐花元素，如所有客房的床单被套均采用桐花图案的布料等。在台北的手工业推广中心设立了桐花产品旗舰店，并用桐花元素来装扮外墙和内饰。在景点打造方面，强化所有用于观赏桐花步道的造景，并特别选定其中六条具有丰富人文历史和自然景观的步道作为打造的重点，具体包括步道沿线的修整与绿化、环境改造、自然生态的维护、步道支线的串接、休憩空间的整设、文字标牌的设立等。通过这些手段，让漫步在桐花树林中的游客尽情享受自然之美，流连忘返。

4. 创意商品化与品牌化

只有将文化和创意商品化并最终品牌化，才能产生巨大的经济效益。为了让桐花这一象征符号商品化，开发出尽可能多的周边商品，创造更高的经济价值，让桐花祭不仅仅是一个休闲观光的节庆活动，还成为文化创意产业，桐花祭的创意团队想出了各种办法，主要做法包括：①举办桐花商品创意设计大赛，通过举办全台设计大赛，吸引设计界将眼光投向桐花产品的开发。②与著名设计公司合作结盟，开发与桐花相关的文具礼品、生活用品、居家用品、个人配饰、瓷器等，目前桐花祭主办方已与全台 11 家设计公司结成联盟。③通过客家桐花祭活动的举办来串联各客家地区现

有的特色产业，截至目前共遴选出了39家企业作为桐花祭的合作伙伴，分成生活用品类、艺术礼品类和食品类等几个类别，针对它们的成熟产品进行文化艺术加工，融入桐花元素，如与布匹商合作开发客家桐花花布共3款，并设计成服装等。

（三）经营现状与成效

客家桐花祭已经成功举办了11届，影响力逐年扩大，经济效益也年年递增，真正达到了创办之初"深耕文化、振兴产业、带动观光、活化客庄"的目的。2003年主题为"客家文化、美丽山林"，共吸引游客超过18万人；2004年主题为"喜迎桐花、恋恋客家"，共举办了600多场客家文化活动，带动了35亿新台币的产值；2006年主题为"春桐千姿、雪舞客庄"，共吸引游客超过500万，产值约50亿新台币；2007年主题为"桐花飞舞、萤光点点"，结合了台北、新竹、苗栗、台中等7个县市、35个乡镇、66个社团，举办了超过600场的文艺活动，推出了373项桐花主题商品；2010年主题为"桐花飞舞、悠游客庄"，共吸引游客超过650万人次，举办文艺活动800余场，产值达231亿新台币；2011年主题为"桐庆100、飞舞客庄"，共有13个县市参与，举办文艺活动超过2 000场，吸引游客近千万人次。

表1　客家桐花祭数据

	2003 年	2004 年	2005 年	2006 年	2007 年
参与县市	4	6	7	7	7
参与社团	18	52	89	71	66
桐花商品件数				53 家 242 件	88 家 373 件
桐花商品展售点	3	4	6	17	37
餐厅				20	59

资料来源：庄锦华：《客家桐花祭与文化创意产业》，见《苗栗联合大学2008 "文化创意　客家魅力"研讨会论文集》。

总之，从不断增加的观光人潮以及地方产业的发展，可以看到客家桐花祭取得了巨大的成功，堪称台湾客家文化创意产业的典范。客家桐花祭的创意理念和手法，对传统客家文化的挖掘和保护，以及其产生的社会和经济效益，都是值得我们研究和学习的。

三、对梅州发展客家文化创意产业的启示

在当前知识经济的时代，如何在资源有限性的客观制约下发展经济，成为各国、各地区关注的焦点。文化创意产业具有科技含量高、资源消耗低、环境污染少、发展潜力大的优势，正好迎合了这一经济发展要求。它最早出现在 20 世纪末的英国，我国大陆作为文化创意产业后进地区，须借助、借鉴世界各国和地区的文化创意产业发展成果和经验教训，并结合我国国情，开创我国文化创意产业发展的路径。梅州作为台湾客家人的主要原乡，两地有着基本相同的客家文化传统。因而，台湾发展客家文化创意产业的经验对梅州具有特别的启示意义。

（一）在开发中保护客家文化资源

虽说是台湾的"老族群"，但客家人及其文化传统在台湾长期处于弱势地位，不断受到闽南族群强势文化的冲击，处于日渐式微的境地。台湾发展客家文化创意产业的最初动力即是为了保护和弘扬客家文化。在台湾，以往保护客家文化大都停留在媒体宣传或者学术研究层面，如成立客家电视台，在各大学成立客家学院等，但效果并不十分明显。随着客家桐花祭、客家花布等一大批客家文化创意产业的发展，台湾各客家地区出现了日渐活跃的局面，客家文化重新焕发了生机。由于现代化带来的冲击，梅州的传统客家文化也逐渐出现了流失的现象，如何弘扬和保护传统客家文化，成为梅州发展的一大课题。挖掘文化资源，发展客家文化创意产业不失为一条绝佳的道路。

（二）发展文化创意产业要与地区整体发展相结合

在台湾发展客家文化创意产业的过程中，"社区总体营造"是一个十分重要的概念，"乐活"是最常听到的一个词语。在台湾，发展客家文化创意产业不仅具有明显的经济功能，而且具有提升人们生活品质的明确目的性，要让人们"乐活"（快乐生活）。"社区总体营造"是台湾在城市建设和旧城改造中的成功探索，文化创意产业不仅是一种产业形态，更多的是一种生活方式，以文化创意的方式营造一个轻松和谐的氛围、健康的生态，往往比以生态破坏为代价带来巨大的经济效应更有价值。梅州客家文化博大精深，有着大量的老城区、古镇、古村落，丰富的民俗活动，这些都具备开发成文化创意产业的条件。在开发过程中，我们要吸取台湾的经验，注重整体社区的改造，提升居住在其中的人民的生活品质，这样才能

获得民众的支持，开发才能持久。

（三）发展客家文化创意产业，要大力加强人才的培养

台湾的客家文化创意产业之所以能取得成功，人才是关键因素。台湾的人才优势主要体现在创意设计型人才上。据不完全统计，全世界设计类专业博士中，台湾人占据了半数以上，而且台湾设计师也屡屡在世界设计大赛中斩获大奖。同时，目前台湾的设计专业教育资源很丰富，有助于营造一个良好的设计专业教育体系。梅州要加快客家文化创意产业的发展，首先要在人才储备上加强，一方面要吸引外地优秀人才服务梅州；另一方面，要依托本土高校加强相关人才的培养。

（四）政策支持以及政府的前期投入是取得成功的重要保障

文化创意产业尚属新兴产业，具有投入期长、产生经济效益慢的特点，因而特别需要政府政策的鼓励和资金上的扶持。台湾的"客委会"具体负责客家文化创意产业的发展，其每年都会制定相关的政策进行扶持，并拨出专门经费用于支持客家文化创意的发展，其做法值得我们借鉴。

四、小结

梅州在《"十二五"规划纲要》中提出"要依托'世界客都'这一系统性的文化资源，坚持大精品表现、大集团运作、大景点支撑、大服务引领，将客家文化资源转变为现实生产力，把梅州建成'全国知名的客家文化产业城'"，并且确立了"创建广东梅州文化旅游特色区，打造幸福导向型产业集聚区"的宏伟目标。梅州拥有优良的生态环境和全国最丰富的客家文化资源，借鉴台湾的经验，大力发展客家文化创意产业，可谓正逢其时。

"五月雪"的文化飨宴
——台湾客家桐花祭的文化创意与营销策略

吴贤俊①　邱文松②

一、桐花祭溯源

每年 4 月底至 5 月间台湾中部以北举办桐花祭。油桐花的花瓣有 5 片，白中略带微红。每到四五月份，省道"台三线"行经新北市到苗栗县的乡间路段，便出现一片壮观的白色花海。乍看之下，顿生"春树枝头尽白雪"的奇妙幻觉。风吹花落，更宛如雪片轻盈飘下，诗意醉人。于是桐花获得"五月雪"的雅号。

其实，油桐树原是日据时期日本人从长江流域运来台湾移植的树种。原因是：采收油桐树的果实，晒干剥皮，以机器压榨果实内的种子，提炼桐油，可以用作油漆及印刷油墨的原料，有很高的经济价值。日本殖民政府鼓励台湾农民砍掉相思树，改种油桐树，以充分利用山坡地。

当时油桐树栽种的地方，大多集中在桃、竹、苗丘陵地以及中部山区，刚好就是客家庄所在。秋天油桐树果实成熟，客庄农民忙于采收之际，小孩子也会结伴到郊外，去捡拾油桐子卖给油场，赚些零用钱。客家人利用桐油作为纸伞的防水油，又将桐木用作制造纸伞的材料。遐迩驰名的美浓纸伞，便是这样制成的。对于居处穷乡僻壤的客家农民，油桐树在不知不觉间已成为他们生活乃至感情的依靠。

由于早年桐油价格高，台湾光复后当局延续鼓励种植油桐树的政策。

---

① 吴贤俊，台湾侨光技术学院应用华语文系副教授。
② 邱文松，台湾侨光技术学院会计信息系讲师。

但随着化工合成物的发明，桐油被取代，桐油工业逐渐没落。从此油桐树被闲置于山野间，却成了客家地区的特色树种。后来油桐树由于具有生长快速的优点，入选为造林政策的重要树种。[①]

2001 年 6 月 14 日"客家委员会"正式成立，宗旨是："凝聚客家精英与政府的力量，肩负起延续客家文化命脉、振兴客家传统文化，以及开创客家新契机的使命，为四百多万台湾客家人打拼！并促进台湾成为尊重多元族群文化的现代社会。"

由于想到台湾客家人曾经捡拾油桐子来贴补家用，油桐树活像客家人的守护神，而桐花印象也早已镌刻在台湾客家人的心上，于是该会以白色油桐花作为客庄新象征，着手策划"客家桐花祭"的盛大活动，并在翌年 4 月首度隆重推出。

令人好奇的是，桐花祭何以称"祭"而不称桐花"节"或桐花"季"（像台南白河莲花季、花莲布洛湾百合花季那样）？是否受日本文化影响太深了？"客委会"主任委员李永得的解释是这样的：苗栗县公馆乡北河有一处桐花林，林荫下有百年伯公石龛设坛。客家族群往往在油桐花开时，将在山林间赖以维生的香茅油、樟脑、木炭、番薯、玉米、生姜、茶等，向土地、山神、天神祝祷祭告。一方面是对山林大地的感激与崇敬；另一方面也提醒依山而居的客家子弟，应致力于再造乡土与人文的荣景。该会基于此一缘由，不但决定以"祭"字作为精神核心，策划客家桐花祭，以彰显客家文化肃穆洁净、虔诚祈福的传统精神，而且自 2002 年桐花祭起，"客委会"都会在开幕时以简单祭仪，向各方神明诚心致意。

自从 2002 年桐花祭第一次开办之后，受客庄居民重视的程度，不亚于客家传统的义民祭。到 2007 年为止，"客委会"秉持"深耕文化、振兴产业、带动观光、活化客庄"的理念，已经连续办了 6 次桐花祭。以下针对桐花祭的文化创意与营销策略，略加述评，抛砖引玉，作为讨论"客家文化节庆的创意开发与利用"这个议题的引言。

二、桐花祭的文化创意

桐花祭并非客家传统活动，既不是传统节庆的扩大举行（如元宵炸寒单），也不属于传统活动转变成地方特色所特别举办的节庆（如台南盐水

[①] 关于台湾栽种油桐树的历史，参见刘克襄：《油桐小志》，《行遍天下》2004 年 4 月号。

蜂炮），纯为政府一手打造出来的客庄文化观光节。① 桐花祭的内容是结合客家文化、客庄旅游、乡野生态、观光产业的赏花活动。赏桐花既是活动的切入点，桐花自然成为其名称及标志。

表面上看，"客委会"不过是借赏桐花的名义办活动，希望掀起客庄观光旅游的热潮，为当地的特产店、餐厅、民宿带来商机，活络地方经济而已。事实上并非如此简单。"客委会"策划桐花祭是以"文化创意"为出发点的，所以特别诱掖桐花祭周边的"文化创意产业"。

何谓文化创意产业？文化创意产业原称文化产业。"文建会"在1995年文化产业研讨会中，首先提出"文化产业化、产业文化化"的构想。此"文化产业"概念，后来成为台湾"小区总体营造"的核心。

何以义称义化产业为文化创意产业？全球经济形态，已转变为以创新为主的知识经济，台湾当局为顺应此脉动，所以才称文化产业为"文化创意产业"，以突显文化产业是以创意为核心动力的。且于2002年正式提出"文化创意产业发展计划"，"期待借由结合艺术创作和商业机制，以创造具本土文化特色的产品，借以增强人民的文化认同与增加产业的附加价值"。由此看来，台湾文化产业所具有的所谓"创意"，其实是指将艺术创作应用于本土文化特色商品的开发，与商业产销体系合作，创造商机。

2003年，由台湾经济事务主管部门、教育事务主管部门、"新闻局"及"文建会"共同组成跨部会的"文化创意产业推动小组"，参考英国对"创意产业"（creative industry）的定义，以及联合国教科文组织对"文化产业"（cultural industry）的定义，将"文化创意产业"定义为："源自创意与文化积累，透过智慧财产的形成与运用，具有创造财富与就业机会潜力，并促进整体生活环境提升的行业。"

由此可以推测，"文化创意产业"一词很可能是综合英国的"创意产业"及联合国教科文组织的"文化产业"二词而成。

文化创意产业具有以下5项特性：

（1）就业人数多或参与人数多。

（2）产值大或关联效益高。

（3）成长潜力大。

（4）原创性高或创新性高。

（5）附加价值高。

---

① 参见朱婉宁：《文化、观光、国族、认同——论台湾以文化观光为方式进行的认同活动》，《疆界/将届：2004年文化研究学生研讨会论文集》，新竹：台湾交通大学社会与文化研究所，2004年。

　　文化创意产业不仅成长潜力大，产值高，可以让台湾从经济长期停滞的困境中突围，而且就业人数多，可以解决由于产业外移所导致的严重失业问题。因此台湾当局有意发展文化创意产业。

　　陈郁秀言简意赅地指出，文化创意产业的内涵是："文创产业主要结合文化特色、创意发想、营销包装，转换成具有市场价值的文化商品，兼具生活实用与艺术欣赏的功能。"

　　此一说明恐怕还不够周延。正如她本人说的，文化创意产业分文化产品和文化服务两大类，不只是文化产品而已。

　　当地特色与艺术创作，是陈郁秀认为无可取代的两大元素，她主张以传统文化为资源的文化创意产业，应从艺术产业着手推动，便是顺理成章的事。她说："从传统出发的文化创意产业，是以传统艺术的文化产业为领域，使传统艺术跻身文化创意产业列车，甚至成为文化火车头的典型与范例。""客委会"所诱掖的桐花祭周边文化创意产业，主要的类别正是艺术创意产业，像对苗栗现代化陶窑业的扶植也是。

　　苗栗传统窑业有百年历史，博得"陶窑故乡"的美誉。当地居民以刻苦勤俭的客家人为主。客家人不尚虚华，但求实际，不但烧陶尽量使用价廉的柴薪或天然气，作品也不喜雕琢，朴实粗犷是其风格。又讲究实用价值，所制作的往往是日常生活可以使用的壶、杯、碗、碟。这就是独具特色"苗栗陶风"。苗栗传统窑业曾有过一段风光岁月，不过早已式微。

　　"客委会"所鼓励的是，配合现代休闲生活需求而转型的苗栗现代化陶窑业。其中春田窑、华陶窑是传统陶窑业转型为休闲产业的模范。2007年客家桐花祭艺文活动研习便邀请这两家，作为台湾客家庄发展文化创意产业的成功范例，进行经验分享。

　　在三义乡静谧处的春田窑，于1995年成立。经由陶艺大师陈焕堂的指导，从原本的瓦斯（天然气）窑，改为烧用相思木的现代艺术柴窑。特殊的窑型以及烧制效果，吸引台湾一二十位陶艺家的加入。柴窑因为成本过高而被大多数窑场舍弃不用，然而由于柴窑所烧出的温润质感与多变纹理，实在无可取代，所以春田窑坚持以古法柴烧，并采用苗栗客庄土，不上釉药，任由陶土展现自身最自然朴实的面貌。又结合桐花意象，开发出桐花分享杯、桐花杯六人礼盒、桐花台湾盖杯、桐花杯碟组、桐花精灵猪等精致美观的客家特色商品。春田窑的全名是"春田窑陶艺休闲度假园"，营业项目包括陶艺DIY，风铃彩绘，灯笼彩绘，客家风味餐，自采时令水果、蔬菜，出售自养放山鸡（可宅配），露营，以及"三义一日知性深度之旅"套装旅游，接受机关、学校、亲子团体等预约报名及订购。

置身山林的苗栗苑里华陶窑,则是以经营陶瓷、陶艺教学及园区导览为主。约于 1990 年,窑主陈文辉夫妇意识到本土文化艺术逐渐流失,于是决定在故乡的土地上打造这处桃花源。华陶窑商品原本也是以柴烧为主,但为因应桐花祭,推出简约朴雅的桐花系列商品,改采电烧量产,以符合市场需求。该窑烧制的桐花侈口灰釉杯,是入选"客委会"主办之"台湾客家特色商品设计辅导计划"的杰作。该作品采用高温 1 250 摄氏度烧制而成,非常特别,夏天适合装凉茶,另可作酱碟之用。外包装以红砖与黑瓦概念制作而成,十分精致,很有客家特色。华陶窑占地一公顷、植物园占地五公顷。该窑规划一日及半日的游园行程,内含自助式割稻仔饭的午餐,并有专人全程故事体验引导。解说内容含柴烧窑介绍、人文庭园赏游、台湾原生植物园赏游、陶艺教学、自己动手 DIY 玩泥捏陶。

由上述两个台湾客家庄发展文化创意产业的典范,便可知道制陶与休闲旅游结合,才能吸引假日的人潮,从而带来消费的"钱潮"。而具台湾客家特色的陶艺制品,才会有消费者来欣赏,继而购买。而"客委会"便是通过台湾客家特色商品设计辅导计划,鼓励从事艺术创作的经营者,以客家桐花意象开发精致工艺品,借以增加宣传效果及提高货品身价。

此外,举办客家桐花祭周边商品设计比赛,鼓励大专院校设计相关系所师生,全台湾各高中和初中生、小学生,自由创作者,设计公司,以个人或团队形式报名,也是"客委会"激励各方投入桐花祭周边艺术创意产业的手段。

辅导传统产业转型为文化创意产业的方法,还包括举办每年两梯次的客家桐花祭艺文活动研习暨提案说明会,倡导文化创意产业概念与营销手法,并鼓励相关经营者与地方团体申办桐花祭艺文活动(内容指定为:桐花树下慢跑、健行活动,及六项深度之旅,包含亲子休闲之旅、美食生活之旅、山林漫游之旅、农村体验之旅、古迹文化之旅、名人故居之旅)。评选为精致度、创意、执行力俱佳的活动计划,将优先补助,让有兴趣的经营者摩拳擦掌,跃跃欲试。

其实,从桐花祭的整体规划开始,"客委会"即投入顶尖设计师与顾问团队,借由桐花与客家文化意象,辅导潜力商家,从包装、产品、营销上重新设计与诠释客家产品。桐花商品的设计,由荣获"台湾设计创作金奖"的设计大师协助,改善客家产品包装及营销通路,提升台湾产业竞争力与游憩质量,让文创产业精致化、专业化、艺术化。2006 年共推出了 41 家地方商家、149 件桐花商品,与 12 家厂商异业结盟、合作 93 件商品。2007 年数量更多,辅导 71 家商家、236 件桐花商品,与 17 家厂商异业结盟、合作 137 件商品。两年来，共推出 88 家商家的 373 件产品，将文化融入产品设计，借以提升产值。

三、桐花祭的营销策略

桐花祭采取"政府规划、企业加盟、地方执行、小区营造"的合作模式，透过活动内容的不断深化，配合赏桐观光景点路线的开发、桐花文化商品研发的辅导等，尽可能结合各方的创意与专业，合力开发客家文化资源、活化客家老旧小区、带动客庄观光旅游、培植文化创意产业，实现文化造镇的美好愿景。

桐花祭是目前台湾唯一整合部会（与"观光局""农业委员会"共同主办）与民间企业的资源，结合各种小区团体和各地方共同筹办的、跨县市的大规模文化飨宴。在各方共同努力之下，民众不仅会被桐花之美所触动，更有机会领略到客家人的生活智慧，乃至团结力量，品味到客家独特的文化风貌，尤其是风味美食。

桐花祭的营销策略，每年都在进步。以 2007 年为例，营销策略有五大项，包括：①桐花网站即时报。②优惠抱满怀。③文化扎根，遍地深耕；结合地方，多彩缤纷。④文创升级，异业结盟。⑤强化营销，迈向国际。[①]兹分述如下：

（一）桐花网站即时报

2006 年的客家桐花祭网站开启了双向互动的新时代。2007 年的桐花祭网站，更通过 Web2.0 建置的"视讯语音分享平台"，让民众可将欢乐画面上传到网站，随时分享花季期间，用 3G 手机、相机或摄影机，记录下每一个感动片刻。

至于大众最关心的花讯，在 2007 年的桐花主题网站上，特别规划新版的"台湾桐花实时分布图"，实时显示各地桐花树的发芽、长叶、含苞、开花等不同阶段实况，甚至连绽放程度和比例，也能同步呈现。

2007 年的另一创举是"客委会"在各县市募集志工当"桐花报马仔"，实时上传桐花现况照片，推荐赏桐最佳去处、提供或更新赏桐景点的坐标定位数据、最新活动讯息等，让想要体验"五月雪"的民众，就算相隔千里，仍然可以掌握开花信息、决定前往日期。

2006 年广受好评的"上网行车一指通"，通过卫星定位导航系统提供

---

① 详见"客委会"网站之"关于桐花祭"。

超过 200 种的赏桐路线等，2007 年持续充实内容，提供更丰富的半日、一日、二日游行程。又结合客家美食及民宿，推出多种桐花套装优质行程，并与"大台湾旅游网""易游网"合作进行花讯报道与设计赏桐行程，无论是桐花步道、咖啡、美食、农场、游乐园、艺术等信息，应有尽有。

（二）优惠抱满怀

2007 年新推出 37 家"桐花优惠餐厅"，有各种令人期待的佳肴美馔。诸如：台北亚太饭店以"五月雪"演绎桐花从绿芽、含苞、盛放到落地的低调清丽；桃园石门水库福华别馆推出"客家桐花怀旧套餐"；新竹金益轩用餐送福菜伴手礼、内湾戏院推荐菜式打对折等。苗栗地区餐厅则有多项满额送，如桐花村送桐花雪，绿叶方舟餐厅送森林蛋糕，胜兴客栈送豆瓣酱伴手礼，定点客家小厨送柿饼……此外还有多家北中南餐厅有九折等各式优惠！

为方便民众赏桐游春，2017 年"客委会"编制 12 万本桐花祭导览手册并免费提供，民众可到全家便利商店索取。桐花手册厚达 84 页，全本放送优惠总价就将近 5 000 元！

（三）文化扎根，遍地深耕；结合地方，多彩缤纷

"客委会"扶植客家社团成长、激发小区艺文视野与创意，2007 年首度在桐花祭前，规划 2 梯次的艺文活动研习课程，共有社团代表 196 人参加。同时也强化客家文化产业数字营销，在 2007 年开始辅导客家社团与商店，通过"客委会"提供的接口，成立自己的博客，并与桐花网站互相联结，以整合完整的商品情报、照片与店家简介，方便民众检索使用，不但使得花季出游更加轻松，也能随时反映顾客的回馈意见。

文化永续成长，有赖地方的自发力量。客家桐花祭已举办 6 年，累积了相当多的经验，已胸有成竹。2007 年"客委会"首度将桐花祭艺文活动大幅度委由各县市筹划。除了期盼地方能够累积经验，更希望突显多元文化特色。2007 年各县市为了整合当地社团，营销深度旅游，就首度发行了各自的"桐花护照"，让文化持续扎根。

2007 年参与客家艺文活动的地方艺文团体共有 66 个，陆续在台北、桃园、新竹、苗栗、台中、南投及彰化等 7 个县市、35 个乡镇的桐花树下，举办超过 600 场次的客家人文艺术活动。活动包括：客家山歌、戏曲、合唱、八音、客家料理、押花工艺、植物染 DIY、露营赏萤、夜访古宅、老街市集表演、炊烟村、蓝衫村、灯光秀等人文、旅游活动，让客家文

学、诗歌、音乐、舞蹈等，百花齐放，在各地精彩上场。

（四）文创升级，异业结盟

桐花创意商品种类繁多，包括：健康概念的草本桐花皂；传承客家产业的桐花漆器；各式桐花包装的美酒、贡丸、糕饼、米食、烧仙草、豆干、豆腐乳、有机米、牛轧糖、蜂蜜；美丽的桐花烛台、提篮、钟表及生活用品；展现纯朴客家风情的陶瓷、玻璃花器和布包；活泼可爱的"丫箱宝"装饰品……让桐花创意商品美化生活的每个角落。

"客委会"希望以文化艺术及故事营销，让消费者惊艳于客家文化产业的独特，进而提升传统商品的质量，增加销路，带动产量，活跃客庄经济。

2007年，"客委会"推出"台湾客家特色商品标章"的理念，鼓励与推荐经营者投入台湾客家产业。手工经典的漆器陶艺、美味绝伦的糕饼酱菜、温暖洋溢的花布织品、时尚流行的文化商品……在桐花祭引领下，客庄产业跨入生活精品领域！

此外，桐花商品的异业结盟，是整合营销机制，通过结盟厂商的通路和企业形象，将产品推向国际。2007年"客委会"结合知名的台湾吉而好股份有限公司、彼得潘艺术有限公司、异数宣言有限公司（THE ONE）、大东山珊瑚宝石股份有限公司、迪雅国际股份有限公司、伟本企业、NDD Design、洁西卡异想世界、骏翔实业有限公司、顽石设计事业有限公司、千唐轩美术工艺股份有限公司、潘柏家具有限公司天妮丝名床（水月国际有限公司）、祥泷股份有限公司，共13家商家，开发相关文具礼品、生活用品、瓷器、家居用品等。

（五）强化营销，迈向国际

贩卖桐花创意商品，目的是为地方产业及台湾创意产品带来新生机。"客委会"与各地的64个营销点合作，结合全台湾各地桐花体验馆以及中正、松山及小港机场展售，并透过网络购物通路，让更多消费者可以接触桐花产品。

2007年，结合民间知名企业，分别在该年度的桐花旗舰店台湾手工业推广中心，以及台北市信义区新光三越百货公司A9馆，举办两场大型的营销活动，让民众可以在生活中，处处感受桐花和大自然的气息，并享受桐花优惠商品。

桐花优惠商品，还可以到桃园国际机场的升恒昌免税商店、新东阳、高速公路关西服务区、香格里拉乐园、西湖度假村、油桐花坊等超过 59 个贩卖地点购买；也可以到"客委会"的桐花主题网站上观看全新的桐花商品讯息。

为了拓展国际宣传，2007 年桐花祭期间，"客委会"不仅与长荣航空公司合作，在全航线、全航次，播放桐花祭视频，登杂志广告，还在数百万旅客进出的日本成田国际机场，刊登双面大幅桐花祭广告。

四、桐花祭评议

"客委会"营销桐花祭，可谓煞费苦心，但不客气地说，"这个乌托邦式的义化想象，还是无法超脱资本逻辑"①。

更可议的是，"枉顾'桐花'原本对客家族群米说，反而可能标示的是日据时期的羞辱历史，直接因其观光价值而生硬地将之填充进客家文化意义生产中"②。

相关经营者与民间团体申办桐花祭艺文活动，受制于"客委会"是否愿意补助经费，于是就必须跟意识形态（包括政治及商业的）走。加上要配合观光的目的，必然受限于游客品味、必须转变为可被观看的形式。在一再妥协、一再扭曲之下，真正能让地方上的经营者与民间团体自决的，实在少得可怜。③

诚然，文化创意产业成长潜力大，产值高，就业人数又多，可以让台湾摆脱经济困境。当局发展文化创意产业本来是极其正确的，但不能一味商业挂帅，以商业虚耗文化，扭曲文化。否则既不尊重当地文化，也不尊重艺术创意，这样的所谓文化创意产业是没血没肉的。真正具有民俗文化与艺术创意的产业，可以同时带来精神享受与经济收益，是很值得期待的。该批判的是假借文化创意产业的美名，逐商业乃至政治意识形态之私的行为。因此必须分清黑白，不宜一概抹杀。

---

① 此处套用吕欣怡的话。语见吕欣怡：《"地方性"的建构与转化》，《文化研究月报》2001年第 6 期。
② 见朱婉宁：《文化、观光、国族、认同——论台湾以文化观光为方式进行的认同活动》，《疆界/将届：2004 年文化研究学生研讨会论文集》，新竹：台湾交通大学社会与文化研究所，2004 年。
③ 见朱婉宁：《文化、观光、国族、认同——论台湾以文化观光为方式进行的认同活动》，《疆界/将届：2004 年文化研究学生研讨会论文集》，新竹：台湾交通大学社会与文化研究所，2004 年。

两岸客家民俗旅游初探

——以台湾六堆及广东河源为例

吴炀和① 宋永光②

一、引言

作为中国的独特民系，近年来"客家"议题已成显学；两岸各公私立机关基于政治、经济、学术等理由，为活跃地方经济，争取认同，在各客家生活领域，通过发掘民俗、环境，开发旅游资源，举办各种活动，兴建具客家特色的展示馆、文化园区等；企图通过开发各种运作模式，凸显客家文化特色，运用不同族群间的文化差异，形成一股吸引外界注意的力量，进而使更多的客家、非客家旅客进入客家地区旅游；在经济上刺激当地消费，活络当地经济；在文化上增进对客家文化的认识与接纳；在政治上争取客家族群对相关机构的支持与认同。

"旅游"是人群的短暂流动，不同于移民、迁居、就业、就学。旅游在精神方面可以弥补日常生活和工作所带来的社交、休闲、运动等种种匮乏，借由远离现实生活环境，消除心、生理紧张及工作压力；在思想方面可以通过与异文化的接触，增长见闻，满足好奇，实现自我价值。③ 在经济发展到较高层次，一般人具备相应的经济实力时，对于旅游的需求亦必逐渐提升。在游客"求乐、求新、求知、求异"的需求趋势下，"民俗"可以满足游客的各种层次需求，因此成为旅游资源开发的重要卖点，各地

① 吴炀和，台湾美和科技大学通识中心主任、副教授。
② 宋永光，台湾美和科技大学专任教师。
③ 麻益兵：《民俗文化的现代旅游表达》，北京：北京大学出版社，2008年，第3-4页。

林立的客家民俗文化村正显示出此一趋势，"民俗"也是吸引游客广泛接触"客家"的方法。

以"客家"概念为主轴的旅游规划，最重要的特色或吸引力，即是"民俗"。关于"民俗"在学术上有许多不同的界定：钟敬文教授认为民俗是一种社会文化现象，一般来说是社会的、集体的，它不是个人有意无意的创作。即使原来是由个人或少数人创立或发起，也必须经过集体的同意和反复履行，才能成为风俗。风俗现象的存在大都是类型性的或模式化的；在时间上是传承性的，在空间上是扩布的。① 乌丙安教授则认为民俗是各民族最广泛的人民传承的文化事象。具体地说，包括：①世代传袭下来的，同时继续在现实生活中有影响的事象；②形成了许多类型的事象；③有相对比较稳定形式的事象；④表现在人们的行为上、口头上、心理上的事象；⑤反复出现的深层文化事象。② 二位学者对于"民俗"均作了深刻的定义，综其所述，"民俗"即是一特定区域的人民或族群，长时间累积下来而为众人所共同传承的生活模式。因为生活是复杂的，因此民俗包含该特定区域人群的历史渊源、生活习俗、制度特征、心理特征、自然环境、宗教信仰、文学艺术、传统工艺等各种物质的、非物质的文化模式，"民俗"无所不包，以此作为旅游规划的素材，其内容是丰富而多样的。

当各地都在大力发展民俗旅游时，作为中国独特民系的"客家"，也在此一波旅游热潮中现身。闽粤赣是中国客家人的大本营，为了旅游开发等目的，各地积极争取作为客家文化中心的地位，把"客家"建立成为自身的品牌形象，以有效吸引对客家民俗慕名而来的外地游客或吸引更多长年旅居在外因思乡情绪引发寻根旅游的客家人。如福建宁化以"客家祖地"自居；江西赣州有"客家摇篮"之称；汀州是"客家首府"；广东梅州是"世界客都"。当各地基于经济等各项目的，积极争取成为客家文化重镇，逐渐受到重视的同时，许多居于族群领域边缘的客家县市，难免也会有受到忽视及边缘化的危机感，或是企图在这波客家热潮中占有一席之地。

台湾南部客家人群聚的六堆聚落及广东河源所属的客家县市，因属族群边缘或远离政治中心，在主客观条件上，缺乏客家中心优势，因此在发展客家民俗旅游时，难免会遭遇许多挑战。另外，政经情势发展和环境条件，也造成两地对于客家民俗旅游的概念及发展方向的差异。本文希望借由两地的比较，分辨两地差异，寻找互补因素，作为两地发展的参考。

---

① 钟敬文：《民俗学》，北京：中国民间文艺出版社，1987年，第395页。

② 乌丙安：《中国民俗学》，沈阳：辽宁大学出版社，1985年，第7页。

二、台湾六堆客家的民俗文化旅游

受到地理、历史、开发先后等因素影响，客家人散布台湾各地，呈现一种"小集中大分散"的现象。西部集中在两个地区：北部桃园、新竹、苗栗一带，南部六堆位于下淡水溪东侧、太武山下东西宽约 10~15 公里，南北长约 90 公里的狭长地带上。六堆自清初开辟以来一直是单纯的农业带，缺少大型商业市集，商业活动皆须经过闽南聚落，至今如此。客家族群人数约仅占台湾总人口数的 15%。20 世纪中晚期客语因缺乏学习、使用的环境，作为族群分野与族群认同焦点的客语流失，进而造成族群文化流失，此种情况引起客家人的忧心与反省。1988 年以"还我母语"主张为主轴，上街头争取客家权益的群众运动，是客家意识觉醒的关键，"客家"成为当地负责人无法忽视的议题。台湾南部的高雄市、高雄县、屏东县三县市，是台湾南部客家人相对集中地，客家总人口数约 64 万人，占三地总人口数 17.5%。20 世纪 90 年代后，基于政治、文化等原因，当地负责人纷纷表明对客家议题的重视，也陆续设立主管客家事务的机构。

1996 年，台湾"文建会"公布"台湾文化生活圈文化硬件（展演）设施发展纲要计划"，高雄市、高雄县、屏东县为表示对保存客家文化的关注，分别申设客家文物馆；1998 年 11 月高雄市客家文物馆成立，采取传统三合院建筑形式，展示客家服饰、生活用具；2001 年 4 月高雄县美浓客家文物馆成立，展示重点为美浓镇及附近客家乡镇的开发、生活文化，不涉及高雄市、屏东县的客家领域。2001 年 10 月屏东县客家文物馆成立，采取大陆土楼造型，结合忠义祠建筑为一体，展示屏东县客家民俗生活文献、器具。

因现有三座客家文物馆依行政领域片面呈现客家文化的局限，与六堆整体客家意识产生矛盾，21 世纪后由台湾"客家委员会"规划兴建的"六堆客家文化园区"，则企图摆脱地域局限的各说各话，推动超越县市格局的客家建设规模、视野，进而建构一座可代表台湾南部六堆客家风貌与精神的文化园区，作为南部客家人的象征。政府通过筹建大规模的硬件建设，用以证明"客家人"正受到前所未有的重视，并达成双重目的：内则凝聚六堆客家人共识，外则向其他族群推销客家文化。"六堆客家文化园区"第一期已在 2007 年 10 月完工开幕。

客家文化园区的兴建源于 1982 年公布的所谓"文化资产保存法"，此后文化资产保护开始制度化。"文化资产"系指具有历史、文化、艺术、科学等价值，并经指定或登录资产，包含古迹、历史建筑、聚落、遗址、文化景观、传统艺术、民俗及有关文物、古物、自然地景等。这些也都可以作为民俗旅游的文化内涵。1996年，"文建会"公布"台湾文化生活圈文化硬件（展演）设施发展纲要计划"，揭开各地兴建文物馆、文化园区的契机。2001年核定在屏东兴建"客家文化园区"，当时屏东县提出之"六堆客家文化园区整体规划暨环境影响评估"指出规划目的为：①通过园区实质空间规划，使文化意念与文化资产与生活化方式，经由学习、传承过程加以保存。②规划社会教育场所，供六堆客家文化展现、结合六堆地区共同推动小区总体营造成果。③提供客家文化研究机会，促进文化社团交流、学习。④以六堆人文历史特色为主题，结合六堆生活区供游客生活化的深度旅游体验。① 其功能包括保存、传承、教育、学习、旅游等。主题区包括：文化信息区、多媒体展示区、住宿体验区、六堆特展区、文化研习区、文化资产保存与再发展区、乡土童玩工坊等区。总建筑面积25 000平方米，可建筑用地101 521平方米。另包括九个地方园区：内埔天后宫庙宇地方园区，竹田驿园文化园区暨客家文物馆，长治抗日纪念碑史迹文化园区暨屏东市乡土艺术馆，美浓客家文物馆地方园区，万峦河坝生态文化园区，新埤建功亲水森林文化园区，麟洛轻便车文化园区，高树大路关文化园区暨钟理和故居，佳冬六根拓垦史迹步道园区。以屏东县为主导的规划案，明显以传统的浓缩、复制方式进行建设案，但因过程中缺乏客家人长期、持续参与，因此屡遭客家精英质疑。

屏东县兴建"六堆客家文化园区"过程屡遭挫折。2004年"客家委员会"接手本案，一切归零重新规划。"客家委员会"宣称：将以客家文化园区作为六堆客庄文化历史的缩影及体验旅游的信息窗口、文化保存与观光交流的机制平台，实行"生态博物馆"（Eco-museum）规划概念，以"核心园区"及"地方园区"同步经营方式推动，营造客家庄聚落风貌。六堆客家文化园区作为地方对外展现窗口，扮演保存客家文化、促进地方永续活化、产业扶植的推手角色，引领人们认识客家、走入六堆。建筑面积20公顷，重要建筑包括：多媒体展映馆、六堆印象馆、文化体验馆舍、六堆文化广场，并提供餐饮、住宿设施。新的规划内容事实上不脱离教育、学习、展示、旅游、经济范畴。强调承袭传统非复制传统，并强调生态复制与体验。

南部六堆地区，各族群界线并不明显，客家人虽相对集中在高屏溪东岸狭长地带，但是有更多的客家人散居各处。加以多年来的经济发展、交

---

① 详细资料参阅高雄市公共事务管理学会：《六堆客家文化园区：整体规划暨环境影响评估》，2000年；阿猴文史艺术工作室：《屏东县六堆客家文物馆研究规划报告》，1996年。

通建设，已经让各族群之间的交流更加密切，文化互相渗入，因此地方上或有小区域保留一点农业时代的客家文化遗留，如高雄县美浓镇；但在更多的客家区域，随着经济发展，建设进步，传统所谓的"客家文化"几乎已经不留痕迹，除了语言尚具一定的辨识作用之外，在衣食住行各方面，与其他族群并无太大差异。因此各年龄层的客家人对于何谓"客家文化"，人言人殊，缺乏共识。因此各机关推动所谓的客家文化、硬件建设时，因定义模糊，形象模糊，主轴不清，结果往往陷入客家人不满意，非客家人没兴趣的两难困境。而原来希望借由"客家文物馆"发挥一点集客效应，带动地方经济产业发展的理想，亦多落空。

近几年来，台湾"客家委员会"在北部客家人聚落推动"桐花祭"活动，因活动具特色，区域包含台北县、桃园县、新竹县、苗栗县、台中县客家人居住的靠山区一带，环境优美，因此吸引非常多的外地游客进入，带动当地观光产业发展，"桐花祭"被包装为客家文化代表。原来平静的农村、趋于凋敝的地方产业，获得大笔经济收入，有效改善地方经济与发展。台湾北部客家农村因观光旅游业包装成功而兴起，给南部逐渐趋于凋零的客家聚落带来一线希望，地方人士对于"六堆客家文化园区"所能发挥的火车头效应，具相当大的期望。

相较于所谓"客家文化"概念的模糊，几座"客家文物馆"的旅游带动功能有限。综观"六堆客家文化园区"的规划，有意跳脱传统"客家文化"观念的纠结，而以一较为主观的客家想象，建立一座新的"客家空间象征"。规划手法不同于以往"怀旧"式的规划理念，改为"精炼""发明""创造"的态度，在现有客家文化意念上，再堆砌出一个有新意的客家象征。规划者的企图很清楚，虽风险及挑战性较高，若能成功，则将为六堆客家创造出一个新的象征。

三、广东河源的客家民俗文化旅游

闽粤赣三省交界处是客家人聚集地，其中赣州、梅州、龙岩、三明市宁化县这几个点连起来的中间地带，客家人聚集稠密，且具有丰富的自然、客家人文景观，加上近年来"客家"逐渐受人重视，因此对于外地游客来说，参加客家民俗旅游，自然以此地区作为首选。本文探讨的河源市位于广东省东北部，地处东江中上游，东靠梅州，南接惠州，西连韶关，北邻江西赣州。河源曾分别隶属韶关和惠阳，曾与深圳、惠州、东莞同属一个地区。1988 年 1 月设立河源地级市，辖源城区、东源县（1993 年更名）、和平县、龙川县、紫金县、连平县一区五县。

河源属于较为贫穷的山区地级市，因此开发、提振经济是施政重点。根据《河源市国民经济和社会发展十一五规划纲要》提出的发展计划，其中有关于客家民俗旅游及其他各项旅游方面：积极推展以旅游业为龙头的第三产业发展；打造以万绿湖为代表的生态游和以苏家围为代表的客家文化游两大品牌；大力开发以恐龙化石为代表的史迹文化游和以温泉为代表的休闲度假游。在"十一五"时期（2006—2010年），河源市延续以往成就，加快发展服务业，发展以旅游业为龙头的现代服务业，作为推动河源市经济增长方式转变的着力点。旅游业以客家文化为主线，以良好的生态环境为依托，以"万绿河源、温泉之都、恐龙故乡"为主题。以恐龙文化、红色文化、历史文化、客家文化及温泉等资源的开发利用，实现旅游业发展新突破。显然，客家文化是河源市发展旅游众多项目之一，目前发展客家民俗旅游的地区，主要在东源县。东源县位于广东省中部，东江中上游，是珠江三角洲与粤北山区的交接处，是广东省面积第二大县，也是广东省16个扶贫开发工作重点之一。为提振经济，东源县积极推动"旅游旺县"的工作。

依目前所见资料，河源市辖下东源县发展客家民俗旅游，其中最具代表性的是南园旅游区。南园是河源市最具代表性的客家古村落，位于东源县仙塘镇红光村，紧靠东江西岸，距离河源市区10公里。凤凰卫视选中该村拍摄《正月里走访客家源》节目后，古村开始受到重视。此地有保存完好的客家民居建筑群和独特的客家风情。南园旅游区共有古民居建筑30多座，多数建于明末清初，规模较大保存最好的民居是：大夫第、新衙门、老衙门、柳溪书院。与众多圆形围龙屋不同的是，河源的围龙屋是方形的，被称为府第式、角楼。形制接近北方传统的四合院。另外在仙塘圩镇周围，在保留较好的客家民居中，有一座被辟为客家民俗博物馆，它是河源围龙屋的典型代表，建于乾隆十七年（1752年），有66间房、24个厅、12个天井。另外，河源市政府将位于东江畔的苏家围，视为发展观光的重要景点，并规划成客家水上文化的旅游地。面水而筑使苏家围多了几分秀丽、灵气，从而被人们称为"南国乡村的画卷"，在东江上形成了一种天人合一的水生态画卷。客家水上文化的生态性是河源旅游要突出的重要主题之一。除了以上几个客家自然、文化景观外，2008年2月，河源市书记宣布将在河源市中心打造一个价值20亿元，占地100万平方米的客家文化主题公园，并决定将"天下第一批干部"——龙川县首任县令赵佗作为"客家人始祖"。虽具体内容不详，但在众多客家旅游发展点，河源市即将大张旗鼓加入这场客家民俗旅游资源的开发争夺战。

河源市以其地理环境特色，结合自然环境优势，极力营造成一个兼具优美景观及客家特色的区域，其出发点明显基于发展经济。作为一个山区开发较晚、经济不发达的地级市，发掘运用本身具备的自然、文化条件，自然是投入资本最少而可能创造出较大利益的聪明做法。因此在周边梅州、赣州、龙岩等地积极发展具客家特色的民俗旅游时，居客家领域内的河源市自然起而效尤，发掘具特色的自然景观、客家聚落，打造成为新兴的、具客家民俗旅游特色的景点，以吸引更多喜欢异文化体验的游客进入。相较于梅州、赣州、龙岩等地，以往河源客家民俗旅游较不为人知，较易受忽略，但是作为一个较晚开发的景点，相对于其他地方，或许保存较多传统客家民俗，较少遭受现代化的影响及改变，因而若能妥善规划，适当包装，有效区隔，扩大推广，应该可以在众多客家民俗旅游景点中建立属于本地的文化特色，发挥吸引观光客的作用。

四、六堆与河源客家民俗文化旅游比较

民俗旅游热潮中，"经济"是最大的驱动力，"旅游"是实践的过程，"交通"是进入的管道，"客家民俗"则是包装的内涵。如果文化内涵不够深厚，必缺乏持续发展的动力。

经济发达后，人们具备相应的经济能力从事旅游休闲，民俗旅游因可提供游客异文化刺激而成为旅游活动中的一项重要特色。此点从台湾先住民聚落、大陆少数民族聚落以自己的文化特色为底蕴，加上商业手法包装，透过旅游活动推广，吸引各地游客流入，有效地扩大当地的经济活动，改善居民生活等可见其成效。因经济成效惊人，故各地纷纷开发以民俗文化为特色的旅游活动，两岸"客家"在这一股民俗旅游热潮中也未缺席。

目前两岸客家主管部门皆以"客家"为号召，强调客家文化的特殊性。"客家文化"受到政府前所未有的重视，陆续投入大笔经费，规划兴建硬件设施，积极宣传，通过外力的引入，提升当地的知名度、提振经济，两岸客家政策主导者均采取相同的理念与行动。但多年来两岸发展过程快慢有别、生活习俗趋异，客家的发展条件、理念与规划实质内容不同。而在两岸发展客家民俗旅游方面，因涉及资源的整合运用，势必都面临核心或边陲所带来的资源投入差异，台湾六堆与广东河源身处客家边陲，都面临着相同的挑战与困境。

文化是一个变动的体系，因此在推广民俗旅游过程中，设立民俗博物馆，浓缩当地的文化特色，让外地游客可以在短时间内建立对本地方传统

文化的初步整体概念，是各地经营民俗旅游的常见手段。东源县选定具代表性的客家建筑，设立客家民俗博物馆，以"现地浓缩呈现"的方式让进入客家领域的外地游客，在有限的时间内建立对客家的整体概念，并逐步进入客家民俗生活的氛围，以便游客理解客家。但台湾南部几座客家文物馆的设立出发点正好相反，它们旨在满足客家人对于自我文化保存的认同，因此并非以经济开发为出发点。六堆因地缘关系，属台湾工商发展脉络中的边陲，因此相较于工商业高度发展的高雄县市、屏东县沿海一带，本地仍保有较为浓厚的农村气息；但本地区居民的经济条件、生活水平不差，因此六堆客家人在有形的物质条件上，与时俱进，可说是农村富裕生活的代表。在建设过程中，自然对传统聚落模式产生破坏，因而引起客家精英对客家文化维护的焦虑；南部地区三座客家文物馆，兴建动机均非经济，而是平息客家人对于"客家文化"消失而产生的危机感，政治动机甚于经济动机。① 地方负责人为争取客家认同，乃以行政部门的主观想象，辟建客家博物馆，满足客家人保存文化的强烈需求，提供客家人在文化保存上直接的视觉象征。这点和河源市以经济为出发点设立客家民俗博物馆自然是不同的。因此台湾六堆的客家文物馆在争取外客的成效上，自然是不足的；而受限于规划之初学术研究深度的不足、客家文化界定模糊等因素，各客家文物馆陈列的文物，其客家文化的纯度、接受度是颇受争议的。

渐渐地，客家文物馆已经无法满足客家人对于客家文化维护的期待，因此台湾北部、南部积极筹建"客家文化园区"。大环境上，因经济开发较早等因素，六堆传统客家聚落房舍多数改建，或有少数未改建，但位于众多新式楼房包围中，反显零乱，格格不入。因此台湾六堆"客家文化园区"并非以旧聚落现地保存整建，而是选择一块空地，由建筑师提炼所谓的客家元素，采用现代工法、材料，大规模规划、兴建一片新的建筑群，至于其是否客家或客家人是否认同其为客家，则见仁见智。非经济，而是实践政治诺言，是台湾许多地方博物馆兴建的起因，"六堆客家文化园区"亦同。为减少居民阻力，在一片远离传统客家聚落的甘蔗园上，平地起高楼式地营建、打造一座新的"客家象征空间"，目前为了后续经营管理，

① 高雄市客家人口占总人口数的12.4%。高雄县客家总人口占19.6%，辖下美浓镇客家人占93%，杉林乡62%，三民乡、六龟乡低于40%；屏东县客家人比率为23.2%：辖下客家人分布的乡镇，麟洛乡83%，竹田乡79%，内埔乡53%，传统被认为是客家乡镇的万峦乡、新埤乡、佳冬乡、长治乡等客家人口比率均低于50%。这种人口比例，与当地政府建立以客家族群为主轴的施政计划，有部分不协调之处。参见"客家委员会"：《台湾客家人口分布图》，2004年9月。

规划往旅游、休憩、产业营销方面倾斜。不同于六堆客家文化园区的模式，两岸许多传统聚落再造案，乃是在现有的聚落基础上，号召小区及专业人士共同参与，整修规划旧街道、小区，添加新元素，营造一种既怀旧又不古板，既古朴又新潮，既迷离又不脱离现实的特殊情调，游客一进入此地，即可从现实中抽离，进入一种特定文化的氛围。以客家领域而言，如梅州南口围龙屋群落、赣州龙南围屋、永定南靖的土楼，均能让初访者赞叹且留下深刻印象。笔者虽未曾造访河源，但从有限的网络数据中，已可一窥河源的客家聚落，如南园客家古村落、苏家围两地，同属客家村落，但建筑型式与梅州、赣州、永定等地客家村落不同，这就形成一种吸引人的独特民俗文化因素，旅游者不会因为接触过多同构型的客家文化元素而产生因文化刺激弱化所带来的疲倦与无耐。

客家民俗旅游若能有效发展，对当地的经济发展自然是有益的。河源市积极开发客家民俗文化之旅，自然是着眼于经济利益。但若一味关注经济而忽略其他，久之，经济的追求力道，可能会逐渐削弱、扭曲、弱化民俗旅游的核心内容与价值，一旦丧失核心内涵后，作为民俗旅游的吸引力及价值，也将随之消失。河源市在发展客家旅游的过程中，因不属客家领域的中心地带，因此在发展以客家文化为主轴的民俗旅游时，很容易受到已建立客家品牌的其他区域，如梅州、赣州、龙岩等客家领域客家民俗旅游的稀释或排挤。作为较后期才发展客家民俗旅游的区域，边缘化的情形是更为严重的。事实上河源市虽处客家边缘，但其规划方向，不跟梅州等地争取客家中心地位，反以其地理环境位置、交通动线设计，将发展面向转向珠三角，以成为"珠三角的后花园"自诩。方向一转，顺势将原来的客家边缘，转变为珠三角广大游客第一个进入的客家区域，客家文化所具有的吸引力远景可期，此属务实的做法。然而开发必定带来改变，如果不能事先做好规划，掌握决定开发成功的关键因素，任由地方随意发展，则势必会因重复建设、浪费投资、以假乱真而破坏原生自然环境、人文景观。长期而言，反而是一种伤害。

以乡村田园自然景观、浓厚客家人文习气取胜的高雄县美浓镇为例，在连外高速路完成后，美浓成为台湾南部高雄县市都会人的休闲空间。此地环境吸引许多外地人在此购地兴建大型别墅，外围筑高墙，原来青翠平旷的田野，矗立起一栋栋外人无法穿透的华屋，形成严重的视觉污染。外来游客在传统聚落中，穿街过巷，虽带来消费，却干扰当地居民生活，不论喜欢与否，居民成为被参观的对象。一些私人设立的客家民俗村，大量创造、引入非本地商品，假称是客家文化，误导参观者消费、体会这些大量复制或发明出来的客家文化。参观者没有时间深度体会客家文化，商业经营者就大量复制、发明所谓的客家文化景观、商品以满足参观者的异族风情需求，而真正的客家文化却在商品化、资本化的过程中逐渐消失。农业凋敝，致使外来者携其大量资金可以轻易在好山好水的美浓镇兴建其个人心中的美好城堡，而不顾对外在整体环境的破坏。外来参观者提供给当地商业经营者经济收入，但是这份商业收入并未清楚回馈到保存客家文化这一领域，目前这一领域反需依赖政府对必要的建设与文化保存业务的资金投入，这是现实上的危机。然值得注意的是，外来破坏也激发被参观者的自尊自重及对自身文化被异化的省思，美浓镇客家族群意识的酝酿启发，激发一群客家人投入文化保存及维护工作。因是客家人自发性的族群文化保存、重建工作，因此更具自觉与深度；经由对自我文化的强烈感情，美浓客家精英积极营造、保存更浓厚的客家文化氛围，降低外来文化的渗透、影响程度。因此虽然发展观光旅游，使众多非客家人进入美浓，改变美浓的部分地景与生活，但因居民的客家强烈自觉、文化自尊所凝聚的强大动力，美浓在不断保存、发明的过程中，仍保有较为浓重的客家气氛，减缓了外来文化的影响与渗透，但并不是所有地方都有文化自觉。

台湾发展族群民俗旅游，始于对先住民文化的开发。"客家"被视为一个议题，规划开发，也不过是近20年的事。当初台湾南部几个县市开设"客家文物馆"的动机，仅是为了消弭客家族群对于自身文化消失的强烈危机感所激发的强大压力，"经济"充其量只是其附带效应，因规划之初并未将带动周边产业纳入规划，因此甚至连经济附带效应都谈不上。而且都是短期内兴建完成，因此客家元素含量明显不足或是以假乱真，带给游客的跨文化刺激不足，除高雄县美浓客家文物馆尚可因整体旅游环境带动之游客来源，依赖门票维持营运外，其余两座客家文物馆则完全依赖政府经费维持营运，2007年10月开幕的"六堆客家文化园区"亦然，它们造成了庞大的财政负担。因此"民俗旅游"或许是一个振兴地方经济的有效方法，但是若未能掌握关键因素，草率开发，则结果或将与预期相反。

五、结论

近年来两岸客家民俗旅游，因其可能的经济效益，受到重视。但是对于何谓"客家文化"，却有许多歧异与争议，作为民俗旅游核心理念的"客家文化"，各地在发展之初，若未能厘清，率尔从事，必会影响后续发展。笔者以为若将视野放大、时间拉长，则客家文化，就是汉文化大架构下的一环，是因应环境、迁徙、生产方式酝酿成的一种地区性文化模式。目前台湾一般人所认知的客家文化，事实上是农耕时代因应生活所发展出来的生活模式，"客家文化"与其他具鲜明文化特征的少数民族不同，是一个相对模糊的概念，即使是客家，各地尚有地方的"次文化"。因此与其探讨何谓"客家文化"，不如以深入发掘本地特色为要。以河源市的自然、人文环境而言，除了抽象的"客家"共性外，重点应摆在发掘本地特性，如建筑、民居等具有强烈视觉辨认特征的传统聚落，聚焦在河源本地所属区域的地方特色。如此方可避免因过于强调客家，而在发展过程中有意无意引进过多非本地的客家民俗，以至于稀释了本地应有的特性与特色。

台湾六堆的发展经验显示：由于闽客族群间文化差异不大，当地政府为发挥所谓"客家文化"的吸引力，往往忽视闽、客、外省族群间的同构型，刻意扩大表象上的差异性。甚至当差异性不明显，却又要强调差异时，很多原来模糊的领域就会被刻意强调、放大，甚至被发明。就台湾而言，除语言是明显辨认标记外，早期一般人印象中的客家文化，多属主观想象及强调因应环境产生的地方特色，如烟楼、油纸伞等，经不起严谨的分析比较。浅层的客家生活器物展示或可以满足老一辈客家人的怀旧心情，但不足以吸引观光客。近几年经过地方文史工作者、学者专家的深入研究，有关台湾六堆客家文化的特色，已渐渐厘清，足可为建构六堆客家文化提供深入的文献支撑。笔者在撰写此文时，经过网络搜寻，以为河源市虽积极推广客家民俗旅游，网络上也有少许简介数据，但多互相因袭。学者专家对于河源客家探讨的相关文献，极为有限，除了汉学家劳格文教授主编，梅州、赣州、韶关、龙岩、厦门和香港等地客家学者参与编著的"客家传统社会丛书"里有若干篇有关河源的研究文章外，其余河源客家相关论文极少。民俗文化旅游属于一种深度的、知性的旅游模式，学者研究可以有效厘清、提炼、建构本地文化特色，是当地政府推动民俗旅游不可或缺的支撑力量。因此在结合商界大力促销"客家民俗"的同时，应重视学界在此中所能扮演的关键性角色，积极结合学术单位，进行必要学术研究，发掘属于地方的文化特色，建立理论基础，发表专论，奠定本地发展"客家民俗文化"必需的文化重量与强度。台湾南部规划各客家文物馆、文化园区，均缺乏学者长期、持续参与，因此执行成果多流于建筑师的主观想象或"客家民俗"的浅层表象。以至于完成建设后，引发对于软、硬件内涵的众多争议，足以为戒。

文化是一个动态发展的过程，随时变更或消逝。台湾南部三座客家文物馆，以"时空胶囊"形式，将所谓"客家文化"，凝结在一段已经消逝的农业社会片段，运用对过去遗留对象的呈现，建构并提供现场参观者对于"客家文化"的想象形体与意象，提供客家人怀旧的素材与记忆再回复，也将"客家文化"塑造成无法接近的过去式。而异地重建的"六堆客家文化园区"远离传统客家聚落，与客家人有无可避免的疏离感，开园后虽持续举办客家艺文活动活络园区，但其成效待观察。台湾六堆的客家文物馆、文化园区，无法大规模吸引游客进入，原因在于抽离了"人"的元素，采取有距离的静态参观模式，缺乏动态的文化刺激，游客无法参与，也就无法感受所谓的"客家文化"氛围，自然缺乏吸引力。因此河源市作为一个新开发的客家民俗旅游地，应避免台湾六堆开发的问题，在河源市已开发的"南园古村落""苏家围"等客家传统村落，若能整合原有的生态环境、人文生活，作一种自然呈现，通过逐步推展，应可吸引更多人进入。因为真实生活中的客家文化，才是最能代表客家现实的生活模式，也才能得到最多游客的认同。

以民俗旅游而言，游客热衷体会异文化，但游客也在乎整体大环境。设立文化园区，充其量也就是放大的客家展示馆，或坐落在客家区域的虚拟客家生活体验营。因此在关注客家民俗旅游点的同时，也需要同时关注周边的整体大环境的维持，发展成为旅游面，才能建立更独特的品牌形象。民俗旅游推销的客家文化代表的是一个自我认同的美好生活形态。"桃李不言，下自成蹊"，河源市开发较晚但具备良好的自然环境，政府将"文化资产"通过产业化过程，利用经济诱因及动力，创造符合差异化、个性化的时代潮流，寻求可为地方特色之产业，创造地方产业，结合地方小区，活跃地方经济、改善民众生活。但须注意的是，以经济为出发点的文化推销，往往追求快速建构地方特色，易流于庸俗化、通俗化。因此推动机关不可忽略文化的厚度及深度的累积，如此文化的动力方可持续发挥出来，民俗旅游的前景方为可期。